나쁜 마음 버리기 연습

GIZEN NYUMON-UKIYO WO SURVIVAL SURU ZENAKU MANUAL
by Ryunosuke Koike
Copyright ⓒ 2008 by Ryunosuke Koike.

Original Japanese edition published by Samgha Publishing Co., Ltd. Japan.
Korean translation rights arranged with Samgha Publishing Co., Ltd. Japan.
through PLS Agency, Korea.
Korean translation rights ⓒ 2012 by Book21 Publishing group, Korea.

이 책의 한국어판 출판권은 PLS Agency를 통해
Samgha Publishing Co.와 독점계약한 (주)북이십일에 있습니다.
저작권법에 의해 한국 내에서 보호를 받는 저작물이므로
무단전재와 무단복제를 금합니다.

이기적인 세상에서 행복하게 사는 법

나쁜 마음 버리기 연습

코이케 류노스케 지음 | 양영철 옮김

21세기북스

| 머리말 |

선(善), 위선(僞善), 악(惡), 위악(僞惡).

우리는 이것들의 실체를 잘 모르고 살아간다. 선과 악이 심신에 미치는 영향에 대해서도 알지 못한다. 그러나 우리는 무의식적으로 매일 이 선과 악을 사용한다.

때문에 제대로 알아야만 능숙히 다룰 수 있다. 선과 악을 오용하기 때문에 실패와 스트레스가 많아지는 것이다. 선과 악을 자유자재로 다룰 수 있으면 실패를 줄이고 스트레스를 받지 않게 된다.

먼저 마음의 준비 체조로, 제1장에서는 속세에서 사람들이 선과 악에 농락당하는 모습을 살펴본다. 준비 체조를 끝냈으면 제2장부터는 속세에서 행복하게 살아가기 위한 도구로 선과 악을 다루는 방법을 살펴볼 것이다.

| 차 례 |

머리말 · 5

* * *

제1장 세상은 거짓 위에 세워져 있다

선한 역할을 기피하는 사회 · 11
내 의견이 모두 옳다는 착각 · 22
정의의 탈을 쓴 이기적인 도덕 · 34

제2장 '착한 거짓말'이 선한 세상을 만든다

위선에 섞인 선악의 비율 · 49
나쁜 사람 신드롬에서 벗어나기 · 67
마음을 메마르게 하는 위악 · 90
나쁜 척과 착한 척, 무엇이 더 나은가 · 99

제3장 나쁜 마음에서 자유로워지는 법

선과 악, 위선과 위악의 실체·111
욕망에 대한 오해와 진실·139
도덕 수업이 나쁜 마음을 키운다·155
나쁜 마음의 부메랑·168

* * *

맺음말·198

제1장

세상은
거짓 위에
세워져 있다

선한 역할을
기피하는 사회

나만 득을 보려는 욕망

"'선'이든 '악'이든 나랑은 상관없어."

당신은 정말로 이렇게 생각하는가? 그렇다면 그것은 위선이다. 하지만 그럴 리가 없다. 누구나 자신도 모르는 사이에 매일 선과 악을 사용하기 때문이다. 게다가 자각하지 못하는 상태에서 사용하기 때문에 실수를 많이 저지른다. 말하자면 사용법을 잘 모르고 있는 것이다. 이 책에서는 선과 악을 의식적이고 또 자유자재로 다룰 수 있는 방법을 선(禪)의 사고방식에 따라 제안한다.

그렇다면 우리는 선과 악, 즉 도덕을 어떻게 악용하고 있는 것일까? 결과적으로 어떻게 상대방과 자신을 불쾌하게 만드는 것일까? 그 모습을 구체적으로 살펴보도록 하겠다. 오래된 연인 사이의 대화를 예로 들어 보자.

> **여자:** 내게 뭘 해 줬다는 거죠? 아무것도 해 준 게 없잖아요.
> **남자:** 그렇게 말하는 당신이야말로 내게 뭘 해 줬는데? 항상 나에게 '이렇게 해 줘, 저렇게 해 줘'라고 말하면서, 정작 당신은 아무것도 한 게 없잖아.

그럴 생각이 아니었음에도 이들의 대사는 모두 도덕적인 설교로 이뤄져 있다. 상대방은 좀 더 자신에게 마음을 써 주고 자존심에 상처가 되지 않도록 배려해야 한다고 말한다. 이 '해야 할'이라는 말에는 도덕적이어야 한다는 냄새가 진하게 풍긴다. 즉 '이렇게 하는 것이 옳고 당연한데 왜 당신은 당연한 일을 안 하는 거야? 당신은 못된 사람이야. 그렇게 할 수 있는 사람이 되도록 해'라는 의미가 담겨 있다.

이런 설교를 듣는 상대방이 '과연 그렇군! 지금까지 나는 완전히 잘못된 인간이었어. 지금부터 뉘우치고 고쳐서 당신이 원하는 사람이 될게'라고 마음을 고쳐먹을까? 만약 그렇게 한다면 상대방은 분명 행복해질 것이다. 자신은 아무 노력을 기울이지 않아도 상대방이 훌륭하고 좋은 사람이 되어 줄 것이기 때문이다. 즉 좋은 사람이 제공하는 운송 수단에 자신은 단순히 '편승'하는 것이다.

그러나 귀가 아픈 도덕 설교를 듣고 "과연 그 말이 맞아"라며 솔직히 인정할 만큼 인간이란 동물은 슬기롭지 못하다. 반대로 상대방의 말에 트집을 잡거나 불쾌감을 드러내는 데는 탁월하다. 그렇기 때문에 "뭘 해 줬다는 거죠?"라는 대사에서처럼, '이것저것을 해 주지 않으면 용서하지 않겠어!'라는 혐오의 욕망을 드러낸다. 게다가 상대를 비난하는 분노로 더럽혀진 감정을 발견할 수 있다.

다른 사람에게 도덕적 설교를 하면서 편승하려는 마음

에는 반드시 불쾌한 욕망과 분노가 섞여 있다. 그래서 설교는 어김없이 상대방을 불쾌하게 만든다. 이런 욕망과 분노에 휩쓸리면, 자신의 마음도 억압을 받아 육체적으로도 불편하고 불쾌감만 생긴다.

손해 보고 싶지 않다

남녀가 긴 시간을 공유하면 많든 적든 서로 많은 것을 주고받는다. 물건이든 마음이든, 물질적인 것이든 정신적인 것이든 말이다. 그런데도 마음이 하는 대로 방치해 두면 '상대방에게 손해를 입혀서 내가 득을 보고 싶다'는 무서운 충동 에너지에 휩쓸리게 된다. 이해득실을 따지기 시작하는 것이다.

그녀의 주장을 바꿔서 말하면 다음과 같다. '난 120점만큼 해 줬는데 30점밖에 받지 못했어. 90점이나 손해를 본 거야! 이를 어쩌면 좋아. 나머지도 돌려줘!'라는 식이다. 노골적인 표현을 쓰자면 이런 감정은 인간관계의 말기에 나타나는 현상이다.

득을 보지 않으면 견딜 수 없기 때문에 손해를 봤다고 생각해버린다. 그래서 90점 이상의 물건이나 태도, 애정을 요구하는 것이다. 즉 '아무것도 해 준 게 없잖아요'라는 그녀의 말에는 '90점 이상, 아니 150점 이상을 지불해요!'라는 의미가 담겨 있다.

하지만 계산을 똑바로 하면 실제로 그가 해 준 것은 30점이 아니다. 그녀는 '득을 보고 싶어서 견딜 수가 없어'라는 치사한 편승 욕구에 휘둘려, 실제로 그가 100점을 해 줬는데도 최대한 줄여서 받아들이고 더 요구하는 것이다.

서로에게 무임승차하려는 마음

그녀가 편승해서 '득을 봐야지'라고 생각했다고 하자. 이는 곧 '그에게 앙갚음을 해야지'라는 감정으로 치닫는다.

유감스럽게도 이런 감정을 맞닥뜨리는 그 역시 완고해진다. 그래서 '그녀가 나에게 편승하려는 건 나도 싫어'라며 공격적인 태도를 취한다. 그녀의 편승 욕망에 전염되는 것이다. 그리고 '그럴 바에는 차라리 내가 그녀에게 편승해야지'라고 생각하며 "당신이야말로 뭘 해 줬는데!"라는 도덕적인 설교로 한 방을 먹인다.

그러나 그녀는 자신이 해 준 것을 크게 부풀려 '120점이나 해 줬는데'라고 생각한다. 이 때문에 불쾌 물질이 생성되어 온몸을 휘감아, 얼굴이 붉어지고 강한 스트레스를 받게 된다.

왜 서로에게 편승하려고 할까? 기묘한 역설이지만 서로를 좋아하기 때문이다. 상대방을 자기 취향에 맞는 사람으로 변화시키려고 기를 쓰는 것이다. 상대방이 자기 취향으로 바뀌는 것은 매우 '득이 되는' 일이다. 서로 좋아하고 있어도 이런 마음의 덫에 빠지면 서로에게 독설을 퍼붓게 된다. 참으로 아이러니한 일이라고 할 수 있다. 하지만 편승하려고 하다가 무임승차가 발각되면 호된 벌금을 지불해야 한다.

도덕의 진짜 속내

이런 일대일의 관계뿐만 아니라 사회적인 관계에서도 편승하려는 경우를 찾아볼 수 있다.

"혼란스럽고 흉측한 사건들이 발생해 사회가 황폐해지고 있다. 그러므로 아이들에게 도덕 교육을 제대로 해야 한다."

이렇게 말하는 사람의 의도를 대충 이해할 수 있다. 하지만 이런 말은 '아이들을 강제로 착한 사람으로 만들어 자신은 편해지겠다'는 편승 욕구에 지나지 않는다. 이는 설득력도 없고 아이들에게 반감만 살 뿐이다.

이런 종류의 대사는 세상에 넘쳐 난다. 왜 이렇게 도덕을 내세우고 싶어 하는 것일까? 결국 '다른 사람 또는 사회가 도덕적으로 행동하면 자신에게 득이 된다'는 이해타산이 작용하기 때문이다. 전형적인 속세의 방식이기도 하다.

"다른 사람에게 친절히 대하자" "보답을 바라지 않는 사랑이 가치 있다"며 설득하는 사람일수록 정작 자신은 마음이 좁고, 가까운 사람에게조차 친절하게 대하지 않는다.

도덕이란 일반적으로 '자신이 득을 보기 위해 다른 사람들이 지켰으면 하는 것'이라는 특징을 갖고 있다. 자신은 하지 않으면서, 주위 사람들이 노력하기를 원하는 것이다. 사람들은 이런 도덕에 '편승'해 이득을 보고 싶어 한다. 그 결과 세상의 도덕은 '다른 사람에게 떠맡기는 것' '명령하는 것'이 되어버렸다.

나 역시 어릴 때부터 도덕의 이런 특징에 대해 의문을 갖고 있었다. 중학교에 올라갈 즈음 '도덕'이라든지 '다른 사람을 위해'라는 말이 왠지 모르게 가식적이거나 속임수처럼 느껴졌다.

도덕이 불쾌한 이유

"왜 좀 더 상냥한 말투를 쓰지 않지?"

이런 표현에서 알 수 있듯이, 우리는 언제나 다른 사람에게 '트집'을 잡으려 한다. 조금 고상하게 표현하자면 '비판'만 한다. 왜 우리는 이렇게 트집 잡는 것을 좋아할까?

트집을 잡는 행위 뒤에는 '착한 마음씨를 가져라' '선행을 베풀어라' '도덕적으로 살아라'라는 드러나지 않는 욕망이 감춰져 있다. 우리가 상대방을 책망할 때는 '나에게 상처가 되는 말을 하지 마. 그런 말투를 쓰면 부도덕해'라는 도덕적 메시지를 보내게 된다.

이는 상대방에게 별 생각 없이 요구하는 것처럼 보일 수 있다. 하지만 사실은 자신도 모르게 도덕 교사처럼 설교하게 된다.

또 하나 간과하면 안 될 것은 "넌 이렇게 해야 해"라는 핀잔을 들으면 누구나 자동적으로 불쾌해진다는 점이다. 상대에게 요구하는 것, 즉 설교하려는 마음 뒤에는 '자신은 노력하지 않고 상대가 먼저 상냥해지면 좋겠다'는 쩨쩨한 욕망이 감춰져 있다. 이런 욕망에 맞닥뜨린 상대는 직감적으로 그것을 알아챈다. 그래서 아무리 그럴싸한 말을 해도, 듣기는커녕 신경질적인 반응으로 되돌려 준다. 인과응보가 성립되는 것이다.

즉 상대방에게 '선한 마음을 갖고 선한 행동을 해야 한다'는 표면적인 의미와 '그에 편승해서 득을 보고 싶다'는 숨겨진 의미가 함께 전달되는 것이다. 그러나 숨겨진 의미의 불쾌감이 너무 강렬해서 표면적인 의미는 거의 전달되지 않는다. '상대방을 좋은 사람이 되게 하고 싶다'는 욕망은 상대방에게 분노의 에너지만 증폭시키고 만다.

내가 먼저 바뀌어야 남도 바뀐다

"다른 사람을 바꾸려고 해 봤자 헛수고다"라는 말을 들어 본 적이 있을 것이다. 이를 '편승 욕망에 대한 분노의 반발'이라는 관점에서 다시 해석할 수 있다. '바꾸려고 해봤자 헛수고'라기보다는 '바꾸려고 하면 오히려 악화된다'는 표현이 더 정확하다.

만약 상대방이 고쳤으면 하는 점이 있다면, 그것을 지적하면서 나무라서는 안 된다. 오히려 '그것을 고쳤으면 해서 견딜 수가 없어!'라는 반응 패턴이 자신을 조종하고 있다는 것을 깨달아야 한다. 그런 후 자신의 반응 패턴을 바꾸는 것이 더 좋다.

왜 그렇게 정색하면서 '고쳤으면 좋겠어!'라고 생각하는지, 자신의 내면을 점검해 봐야 한다. 그러면 거기에 욕망과 분노가 꿈틀거리고 있다는 것을 알게 될 것이다. 다른 사람의 욕망 때문에 불쾌해지는 것이 아니다. 자기 내면에 있는 욕망과 분노를 똑바로 바라보고 제거하면, 짜증스럽던 불쾌감은 말끔히 사라질 것이다.

마음이 온화해지면 자신에게서 발산되는 마음의 아우라는 기품 있고 밝은 것으로 바뀐다. 그러면 상대방도 지금처럼 나에게 무례하게 대하지 않고 비로소 변하게 된다. 이는 자신이 먼저 변화한 다음에 딸려 오는 '덤과 같은 작용'이라는 것을 기억해야 한다.

내 의견이 모두
옳다는 착각

머릿속에서 제멋대로 편집되는 이야기

앞에서는 일상에서 우리가 늘 도덕을 '오용'하는, 아니 좀 더 나쁘게 말하면 '악용'하는 모습을 살펴보았다. 이는 개인의 일상적인 수준에서는 큰 해가 되지 않을 수 있다. 하지만 이런 일이 조직 단계 또는 사회나 국가 단계에서 일어난다면 이야기가 달라진다.

우리는 외부에서 입수한 정보를 머릿속에서 자신이 편리한 대로 편집한다. 이 때문에 사람들은 각각 다른 의견을 갖게 된다. 불자로서 보면 모든 의견은 외부에서 들어

온 정보를 머릿속에서 편집한 결과에 지나지 않는다. 무엇이 옳고, 무엇이 그르다고 할 수 없다.

그런데 우리는 자신의 의견을 만드는 순간 자동적으로 '내 의견이 옳다'고 생각하면서 거기에 집착하는 습관을 갖고 있다. 다른 사람들도 자신의 편의대로 정보를 편집해서 의견을 만든 다음 '내 의견이 옳다'고 생각한다. 따라서 누군가가 의견을 주장하면, 반드시 다른 사람은 의견이 다르기 때문에 불쾌해질 수밖에 없다.

예를 들어 두 사람이 영화를 보러 갔다고 하자. 원재료가 되는 정보는 똑같은 영상과 소리로 된 영화다. 한 사람은 이 정보를 입수하고 머릿속에서 편집한 다음 '좋은 영화다'라는 의견을 만든다. 그런데 다른 사람은 똑같은 정보를 입수해서 '이 감독의 전작은 좋았는데, 이번 작품은 유치하고 실망스럽군'이라는 의견을 만든다. 이때 상대방이 "이 영화는 참 재미있어"라고 말하면 그 의견에 동의할 수 없게 된다. 그뿐만 아니라 '이 작품은 실패작이야'라는 자신의 의견에 자극을 받는다. 그래서 영화의 시시한 점을 계속 설명하게 된다.

그러나 상대는 영화의 시시함에 대해 아무리 들어도 '그래도 재미있었어'라며 자신의 의견에 집착하고, 상대의 의견에 동의하지 않는다. 결국 아무리 의견을 말해도 듣는 사람이 전혀 동조하지 않아 아무런 성과도 얻지 못한다.

독자들을 화나게 하는 머릿속 편집부

두 사람의 마음에 입수된 정보는 똑같은 영화 작품이라는 원재료다. 하지만 '머릿속 편집부'는 외부에서 입수한 정보를 편의대로 고쳐 써서 이상한 스토리로 전개한다.

자신의 의지대로 생각하지도 못한 채, 이미 '어쨌든 좋은 영화야'라고 머릿속에서 편집되어 있다. 자기 자신이 그 편집부의 책임자이지만 실제로는 아무런 역할도 못하는 것이다. 정신을 차리고 보면 편집부에서 마음대로 결론을 내리고, 그것이 곧 자신의 의견이 되어버린다.

이처럼 외부에서 입수한 정보를 '마음에 든다'고 편집할 것인지, '불쾌하다'고 편집할 것인지는 머릿속 편집부의 성격에 따라 좌우된다. 이 편집부는 다른 말로 표현하면 예전부터 자신의 잠재의식에 스며들어 각인된 '카르마(業)'다. 사람들은 입수한 원재료를 날것 그대로 먹지 않는다. 그 대신 예전부터 축적해 온 카르마, 즉 감정의 패턴이라는 첨가물을 대량으로 더해서 전혀 다른 것으로 가공해버린다.

이처럼 머릿속 편집부는 늘 제멋대로 스토리를 만들어낸다. 그리고 책임자인 자신은 확인할 여지도 없이 출판물이 간행된다. 그 결과 독자의 정서에 맞지 않는 기사가 완성되어, 반감을 사거나 전혀 팔리지 않는 일이 일어난다. 그렇게 되면 출판사는 계속 적자를 보게 될 것이다. 즉 자신의 머릿속 스토리에 집착하면 다른 사람의 머릿속 스토리와 무익한 충돌을 일으켜 스트레스를 떠안게 된다.

내 의견을 강요하는 합법적인 방법, 도덕

우리는 이렇게 머릿속 스토리로 인한 무익함을 늘 경험한다. 항상 상대의 의견을 부정할 뿐 아니라, 자신도 늘 다른 사람에게 부정당하면서 살아간다.

 어떤 사람은 자신의 의견이 관철되지 않으면 견디지 못한다. 그래서 때때로 자신의 의견을 다른 사람에게 막무가내로 밀어붙이면서 압박하기도 한다. 이때 도덕이 그런 강요를 하게 해 주는 도구로 악용된다.

 우리는 "그건 상식이야" "사회성이 결여되어 있기 때문이야"라는 말을 한다. 이는 '모든 사람이 당연히 똑같이 행동하고 생각해야 해'라는 생각의 다른 표현에 지나지 않는다. '자신의 의견은 사회의 규칙이나 상식과 일치하는데, 상대방은 그런 훌륭한 의견을 이해하지 못하는 비상식적인 사람이다'라는 메시지를 보내는 것이다.

 하지만 고작 한 사람의 의견이 사회의 상식이나 의견과 일치할 수는 없는 일이다. 왜냐하면 사회의 모든 구성원들은 각각 독자적인 생각을 갖고 있기 때문이다. 이를 종합한 일치된 의견이라는 것은 존재하지 않는다.

 그런데도 도덕을 방패로 삼아, 개인의 생각을 상대방에게 억지로 강요하려 한다. 상대방은 그것이 개인의 의견에 지나지 않는다는 것을 금방 알 수 있기 때문에 더욱 불쾌해진다.

도덕은 '누구나 이렇게 해야 한다'는 뉘앙스를 풍긴다. 그래서 개인적인 의견에 사회적 보증을 세우기 위해 도덕을 곧잘 악용한다. 강요가 많아지면 많아질수록 목적은 실현되지 않고 더 멀어질 뿐이다.

이처럼 도덕은 욕망과 분노에 오염된 개인의 의견을 억지로 밀어붙이는 데 사용된다. 이는 '선'이 아니라 '위선', 아니 '악'에 가깝다. 이렇게 도덕은 위선이나 악을 위한 도구로 전락해버렸고 가치도 점점 의미를 잃어 가고 있다. 오늘날 '도덕'이란 단어를 입에 올리면 바보 취급당할 수도 있다. 그 정도로 도덕이라는 단어의 가치는 바닥을 치고 있다.

도덕으로 나쁜 마음을 포장하다

만약 대기업의 경영자가 주식거래에서 부정행위를 하다 발각되었다고 하자. 그러면 대부분의 사람들은 반사적으로 비난하거나 불쾌하게 생각한다. 하지만 비난하는 사람의 마음을 부추기는 감정은 질투나 시샘으로 인해 오염된 감정이다.

즉 부정을 저지른 사람뿐만 아니라, 비난하는 사람도 부도덕하기는 마찬가지다. 부정을 저지른 사람을 비난하는 기사를 내보내는 매체에는 질투 외에도 '시청률을 올리고 싶다'는 오염된 욕망이 더해져 있다.

하지만 사람은 누구나 자신의 이미지를 선하지 않은 감정에 휩쓸리는 '나쁜 사람'으로 만들고 싶어 하지 않는다. 그리고 나쁜 사람이 되지 않기 위해 '질투나 부러움 때문에 비난하는 것이 아니라, 도덕에 따르고 있다'고 생각하는 것이다.

만약 질투나 부러움과 같이 선하지 않은 마음에 '도덕적 보증'을 부여한다면 어떻게 될까? 이는 선하지 않은 마음을 거짓으로 덮어버린 것으로, 선과의 거리는 한층 더 멀어진다. 장기적인 관점에서 보면 자신의 마음에 해악을 초래한다.

의견이 대립하는 것은 상대편과 자신의 의견이 모두 머릿속 스토리로 편집되어 있기 때문이다. 그런 점에서 양쪽 모두 잘못되어 있다.

인간이란 동물은 '그래도 내가 옳아!'라는 자존심 놀이에 집착하는 것을 무척 좋아한다. 대등함이라는 똑같은 상황을 견디지 못하고 상대방보다 우위에 서려고 하는 것이다.

누군가가 이렇게 거짓말을 했다고 가정해 보자. "오늘은 회사 일 때문에 만나기 어려워." 그런데 이렇게 말한 사람이 멋지게 빼입고 카페에서 다른 이들과 즐겁게 노닥거리고 있다. 이 영상을 떠올리고 자극을 받게 되면 반사적으로 불쾌감이 솟구칠 것이다. 영상을 바탕으로 기억이나 편의에 따라 머릿속 스토리가 편집되기 때문이다.

말한 것과 다르다 → 도대체 왜 거짓말을 한 것일까? → 난 속았고 무시당했다 → 자존심이 상한다 → 용서할 수 없어!

자신이 괴로워지는 이유는 상대방의 거짓말 때문이 아니다. 바로 이와 같은 머릿속 스토리를 전개시킨 자신의 탓이다.

거짓말을 한 사람에게는 나름의 이유가 있다. 또한 거짓말을 한 사람은 선하지 않은 행위를 함으로써 마음속에 갈등을 만들어 자기 자신을 해롭게 한다. 중요한 것은 거짓말하는 관계를 만든 사람은 모르는 타인이 아니라 바로 자신과 상대방이라는 것이다.

이렇게 생각하면 '용서할 수 없어!'라는 감정은 뭔가 잘못됐다는 것을 알 수 있다. 감정은 심신을 억압해 흉하게 만들고 매력을 떨어뜨린다. 게다가 비난하는 감정을 상대에게 터뜨리면 불쾌해진 마음 때문에 결국 더욱 멀어지게 된다.

남보다 우위에 서려는 자존심 놀이

정리해 보자. 상대방이 거짓말을 한 것은 상대방의 머릿속 스토리 때문이다. 즉 상대방의 사정 때문이다. 이에 대해 불쾌함을 느끼고 비난하고 싶은 감정을 만들어내는 것은 자신의 머릿속 스토리 때문이다.

이렇게 서로가 피차일반인데도 '싫다'는 부정적인 감정을 만들어내는 것은 오로지 자기 탓이다. 그렇다면 거짓말이 '옳지 않다'는 것을 알기 바란다면 어떻게 말해야 할까? "거짓말을 들으면 괴로우니까 앞으로는 사실대로 말해 주면 좋겠어"라고 솔직하고 평온하게 말할 수 있다. 이것은 대등한 관계에서 제안하는 것이다.

하지만 자신도 모르게 자존심 놀이에 빠지면 "거짓말을 하다니 용서할 수 없어. 다음에 또 거짓말하면 그땐 정말 용서하지 않을 거야"라며 과격해질 수 있다. 이런 말 속에는 다음과 같은 메시지가 숨겨져 있다.

'거짓말은 분명 잘못된 것이다. 이는 나 혼자만의 생각이 아니라 도덕이라는 사회 전체의 규범이 보장한다. 따라서 당신은 나쁜 사람이다. 나는 나쁜 사람인 당신과 달리 옳다.'

이런 메시지가 감춰져 있는 이상, 적어도 겉으로 볼 때는 질책하는 쪽이 우월한 것처럼 보일 수 있다. 도덕을 보증으로 방패 삼아 상대방을 질책하는 쪽이 승리, 추궁당하는 쪽이 패배라는 상하관계와 같은 상황이 만들어지는 것이다.

여기서 중요한 것은 '하(下)'가 된 쪽은 불쾌하기 짝이 없는 기분을 느낀다는 점이다. 반면 '상(上)'이 된 사람은 도덕이라는 훌륭한 보증을 사용해 상대방을 패배시킨 것으로 착각하며 우쭐한다. 이렇게 해서 값싼 자존심을 세우고 한순간의 쾌감을 느낀다. 그러나 이에 따른 개운하지 않은 뒷맛과 인간관계의 뒤틀림이라는 손실은 장기적으로 더 나쁜 영향을 미친다. 현명한 사람은 이를 잘 안다.

'거짓말이 나쁘다'는 것은 거짓말을 하면 그 사람의 마음이 비뚤어지기 때문이다. 거짓말을 하면 악업이 쌓이기 때문에 그 말은 진리다. 하지만 '나에게 거짓말을 하다니 용서할 수 없어'라며 공격한다면, 이는 진리가 아닌 단순한 폭언에 지나지 않는다.

도덕이라는 보증을 내세울 것이 아니라, 상대방과 '대등함'에 머무르는 편이 솔직하고 좋은 대화 분위기를 만들 수 있다.

정의의 탈을 쓴
이기적인 도덕

착한 아이 트릭

도덕을 악용하는 것이 일상 속에 얼마나 뿌리 깊게 자리를 잡고 있는지 일반적인 광경을 예로 들어 살펴보자.

카페에 두 사람의 연인이 앉아 있다. 그런데 여자가 '냉방이 너무 강해'라고 느끼고 '에어컨을 조작해서 온도를 조금 올리고 싶다'고 생각했다. 사실 우리는 겨우 이 정도의 일에도 도덕을 사용하려고 한다. 아마도 이런 식으로 대화가 진행될 것이다.

"춥지 않아? 온도 좀 올려 달라고 할까?"

이 말을 들은 남자는 별로 춥지 않기 때문에 온도를 올리고 싶지 않다. 만약 남자가 신경질적인 사람이라면 이렇게 반응할 것이다. '추우면 온도를 올려 달라고 하면 될 것을, 왜 나까지 끌어들여?'

그는 왜 이런 짜증을 느끼는 걸까? 그녀가 왜곡된 도덕을 사용하고 있다는 것이 무의식적으로 느껴지기 때문이다. '춥게 느껴지지만 온도를 올리기가 눈치 보인다'는 정도까지는 괜찮다. 하지만 그녀의 행위에서는 '남자가 추워하는 것 같아. 가여우니까 내가 대신 온도를 올려야지'라는 메시지가 담겨 있다. 이렇게 '착한 아이인 척하는 것'은 상대방에게 쉽게 들통이 난다.

이렇듯 도덕은 '나 착하지?'라는 이미지를 상대방에게 심어 주려는 도구로도 사용된다. 그러나 유감스럽게도 이런 의도는 대부분 성과 없이 끝난다. 마음속에 가득 욕망을 갖고 있으면서, '상대방을 위해서'라는 허울을 씌워 욕망을 관철하려는 것이다. 얼핏 보면 성공적인 것처럼 보일 수 있지만, 실제로는 솔직하고 직선적으로 욕망을 드러내는 것보다 역겨울 수 있다.

착한 아이인 척하면서, 실제로는 자신의 욕망을 감추는 모습은 주변에서 얼마든지 찾아볼 수 있다. 누군가가 가여워서 행동할 때조차도, 실제로는 그것을 빌미로 자신의 욕망을 충족시키려고 행동하는 경우가 많다. 나는 이런 현상을 '착한 아이 트릭'이라고 부른다.

국가 지도자가 "국민 여러분을 위해 이 정책은 꼭 실행해야 한다"고 말하는 경우도 마찬가지다. 이때 '지도자가 국민을 이토록 배려해 주다니 정말 기쁘다'며 행복해하는 사람은 거의 없다. '다른 사람을 위해'라며 들려주는 말이 허울에 지나지 않는다는 것을 직감적으로 알기 때문이다. 또한 착한 아이인 척하면서 실제로는 개인적인 욕망을 정당화하기 위해 '국민 여러분'이란 말을 쓴다는 것쯤은 누구나 직감적으로 알 수 있다.

'착한 아이 트릭'은 정치, 사회, 직장, 가족 등 거의 모든 단계에서 매일 행해진다. 그리고 우리는 누구나 그 피해자가 될 수 있다. 이런 상황에서 '다른 사람이나 당신을 위해서'라는 메시지를 모두 가식적이라고 느껴도 어쩔 수 없는 일이다.

가짜를 내세우고 안심하다

이렇게 많은 사람이 '선'이나 '다른 사람을 위해'라는 말에 환멸을 느끼는 것이 현실이다. 그런데도 '착한 아이 트릭'을 멈추는 사람이 없다. 바꿔 말해 위선적인 행위가 완전히 없어지지 않고 있다. 도덕은 환멸받는 한편 일상에서 매일 사용되고 있으며, 오히려 큰 인기를 누리고 있다.

인기가 있다는 증거로, 어느 정도 규모가 있는 조직에서는 반드시 많든 적든 각종의 형태로 도덕이 사용되고 있다는 점을 들 수 있다. 게다가 왜곡된 형태로 사용된다.

아마 어떤 기업에서든 사원들 서로가 증오하고 공격하면서 '사회에 반하는 행동을 해서라도 이익을 올려야 한다'는 반도덕적인 메시지를 발신하며 기업을 운영하지는 않을 것이다. 아무리 가식으로 보여도 기업 운영은 '고객을 위해, 사회를 위해, 또 그 목표를 달성하기 위해 일치단결하고 근면성실한 태도를 갖자'라는 사훈을 표방할 것이다.

이런 사훈을 접하면 '우습다. 표면적인 방침일 게 뻔해'라고 생각할 것이다. 이 회사에서 일하는 사원들조차 사훈을 진심으로 믿지 않을 것이다.

하지만 그렇다고 해서 사훈이 무의미하다거나 있든 없든 상관없는 것일 수는 없다. 물론 사훈에 표현된 공공성이나 '다른 사람을 위해'라는 발상이 실제로는 무시를 당할 수도 있다. 하지만 그렇다고 해서 사람들이 '나 자신은 공공에 반하는 행동을 한다'거나 '반사회적인 행위에 종사하고 있다'고 느끼면서 일할 수는 없는 것이다. 적어도 외관상으로는 '이 노동은 다른 사람을 위한 것이다'라는 모습을 유지함으로써 마음의 안정을 얻을 수 있다. 물론 어설프고 엉터리 같은 안정감이지만 말이다. 이를 미루어 짐작하면 도덕에는 다음과 같은 부작용이 있다는 것을 알 수 있다.

즉 '우리가 하는 일은 사회에 도움을 주고 있다'고 생각하게 만드는 것이다. 한 꺼풀 더 벗겨 보면 '사회는 우리를 인정해 준다' '우리는 사회에 도움을 주는 훌륭한 사람이다'라는 자기 이미지가 형성된다.

이렇게 도덕은 이해할 수 없는 일들이 연달아 일어나는 현대사회에서 위조된 안심을 조장해내는 도구로 전락하고 있다.

현대판 마녀사냥, 희생자는 누구인가

한편으로 지금은 도덕이라는 말을 하면 바보로 취급당하는 시대이기도 하다. 그런데 만약 도덕을 무시한 사기꾼이라도 등장하면 사회는 격렬히 반응한다.

연예인이 사회 통념과 다소 다른 행위를 하거나 정치인이 부정을 저지르면 대중매체는 '그런 나쁜 짓을 하다니!'라고 비판하며, 그들이 도저히 활동할 수 없게 될 때까지 맹공을 퍼붓는다.

이 공격의 본질적인 구조를 살펴보면 다음과 같다. "안정감을 주거나 갖고 있는 것처럼 위장하게 해 주는 도구인 도덕을 엉망으로 만들었기 때문에 용납할 수 없다." 이렇게 마치 자신들이 정의의 사도인 것처럼 생각한다.

세상에는 이런 정의의 사도가 무척 많다. 하지만 우연찮게 무심코 부정을 저지른 한 사람을 사회 전체가 가세해서 비판하고 짓밟는 행위 역시 보기 좋은 일은 아니다. 처음에는 '도덕을 지킨다'는 명분으로 정의의 사도가 될 생각이었을 것이다. 그러나 다른 사람을 공격하는 나쁜 말투나 공격성은 결국 자기 자신을 악역으로 만들 뿐이다.

다른 사람을 공격하는 구조는 '수많은 나쁜 사람 중에서 우연찮게 눈에 띈 사람이 좀 덜 나쁜 사람에게 돌을 맞는' 것이다.

사람들은 정의의 사도인 자신을 '착한 사람'으로 높이고 '도덕을 무시했으니 용서할 수 없어!'라고 생각한다. 이와 동시에 '도덕을 다시 세워 안심하고 살 수 있는 세상을 만들고 싶다'는 거창한 망상을 공유하는 것이다.

사회적 안정을 위조하는 3대 도구

도덕은 '사회적 안정을 확보하고 싶다'는 욕구를 드러낼 때 사용된다. 여기서는 다른 관점에서 사람들이 추구하는 '안정'에 대해 살펴보자.

현대인들은 회사나 학교나 어디서든 '자신은 대체될 수 있는 존재'라고 생각해서 불안감을 느낀다. 그리고 그런 느낌을 견디지 못하면 '나는 세상에 둘도 없는 소중한 존재야'라는 안정을 느낄 수 있는 간편한 도구를 찾기 시작한다.

그런 안정감을 위조할 수 있게 해 주는 도구에는 크게 세 가지가 있다.

• 안정을 위조하는 도구: 일

'개성을 살리는 일을 통해 자아를 실현해야 한다'는 생각의 부추김 때문에 강박적으로 '나다운 일'을 찾게 된다. '나는 세상에 둘도 없는 소중한 존재야'라는 안정감을 느끼고 싶어 하기 때문이다.

하지만 '나다움'에 집착한 나머지 눈앞에 있는 일이 손에 잡히지 않아서 이직해야겠다는 생각에 사로잡히기도 한다. 이 역시 불안감을 조장하기 때문에 역효과라고 볼 수 있다.

• 안정을 위조하는 도구: 연애

현대사회에서 병적일 정도로 집착하는 것 중의 하나가 '연애'라는 게임이다. 이 게임에는 '나는 다른 누구도 아닌 당신만을 사랑한다. 그 대신 당신도 반드시 나만을 우선적으로 사랑해야 한다'는 암묵적인 룰이 머릿속에 똬리를 튼다.

여기서 간과하면 안 될 것은 '나는 당신을 사랑한다'가 아니라 '당신은 둘도 없이 소중한 존재인 나를 사랑해야 한다'는 생각에 초점을 맞춘다는 점이다. 즉 자신은 연인에게 가장 먼저 선택되었고, '무엇과도 바꿀 수 없는 가치 있는 존재'라는 자기 이미지를 강화하는 것이다.

이렇게 대체할 수 없는 안정감을 병적으로 추구할수록

'빨리 연애를 시작해야 해'라는 충동적인 욕망에 쫓기게 된다. 그 결과 사람들은 설익은 연애를 하게 된다. 많은 사람들이 이런 상황에 쫓기면서 인간관계는 엉성해지고 사회는 더 불안정해졌다. 이것을 아이러니가 아니고 뭐라고 표현할 수 있을까.

• **안정을 위조하는 도구: 건강**

일과 연애와 함께 현대인들의 또 다른 관심의 대상은 바로 건강이다. 건강 역시 언제 나빠질지 모르는 불안정성을 갖고 있다. 그래서 사람들은 어떻게든 이를 안정적이고 안심할 수 있는 것으로 바꾸기 위해 필사적인 노력을 한다.

건강에서도 연애와 마찬가지로 아이러니가 작용한다. 건강 관련 정보나 상품이 대량으로 출시됨으로써 도리어 가장 필요한 게 무엇인지 선택하기가 어렵게 된 것이다. 선택하더라도 억지로 실행하느라 마음이 쫓기고 불안해져, 오히려 불안정한 상태가 되고 만다.

도덕에 대한 모순된 감정

'일' '연애' '건강'에 이어 안정을 위조하는 네 번째 도구에 '도덕'이 있다는 것을 알아차렸을 것이다.

사람들이 '도덕'이라는 방패를 사용해서 사회적 안정감을 얻으려고 할 때 도덕에 편승하려는 감정이 작용한다. 즉 '나는 도덕 따위는 딱 질색이야. 다른 사람을 위해 좋은 일을 하는 것은 손해야. 그러니까 비난받지 않을 정도로만 하면 돼'라는 태도를 취한다. 그러면서 '사회 전체는 도덕을 지켜야 한다'는 모순된 생각을 갖는다. 사회 전체가 부도덕하고 어지러우면 자신이 손해를 입을 수 있다는 것을 직감하기 때문이다.

이런 모든 모순은 욕망이라는 오염된 마음에 의해 단단히 고착화된다. '도덕적으로 행동해서 손해를 보고 싶지 않다'는 욕망과 '다른 사람과 사회는 자신에게 이익을 주는 도덕적인 존재여야 한다'는 욕망이 혼재된 것이다.

그렇다면 '일' '연애' '건강'에 관한 모순이 왜곡된 도덕에도 그대로 해당되는 것일까? 앞서 살펴봤듯이 사람들은 안정을 추구하기 때문에 다른 사람이나 사회에 대해 부도덕함을 꾸짖는다. 하지만 "도덕적으로 행동해"라고 도덕 교사처럼 외치면 외칠수록 그 공격성 때문에 상대방의 비위를 더 거스르기만 한다. 무엇보다 자신의 마음이 공격성이라는 분노 때문에 고통을 받고, 마음의 온화함을 잃어 더욱 불안정해진다.

속세의 선악에 농락당하는 모습을 살펴보는 것은 이쯤에서 마무리하고, 다음 장에서부터는 선악을 역으로 활용하는 방법을 살펴보겠다.

제 2 장

'착한 거짓말'이 선한 세상을 만든다

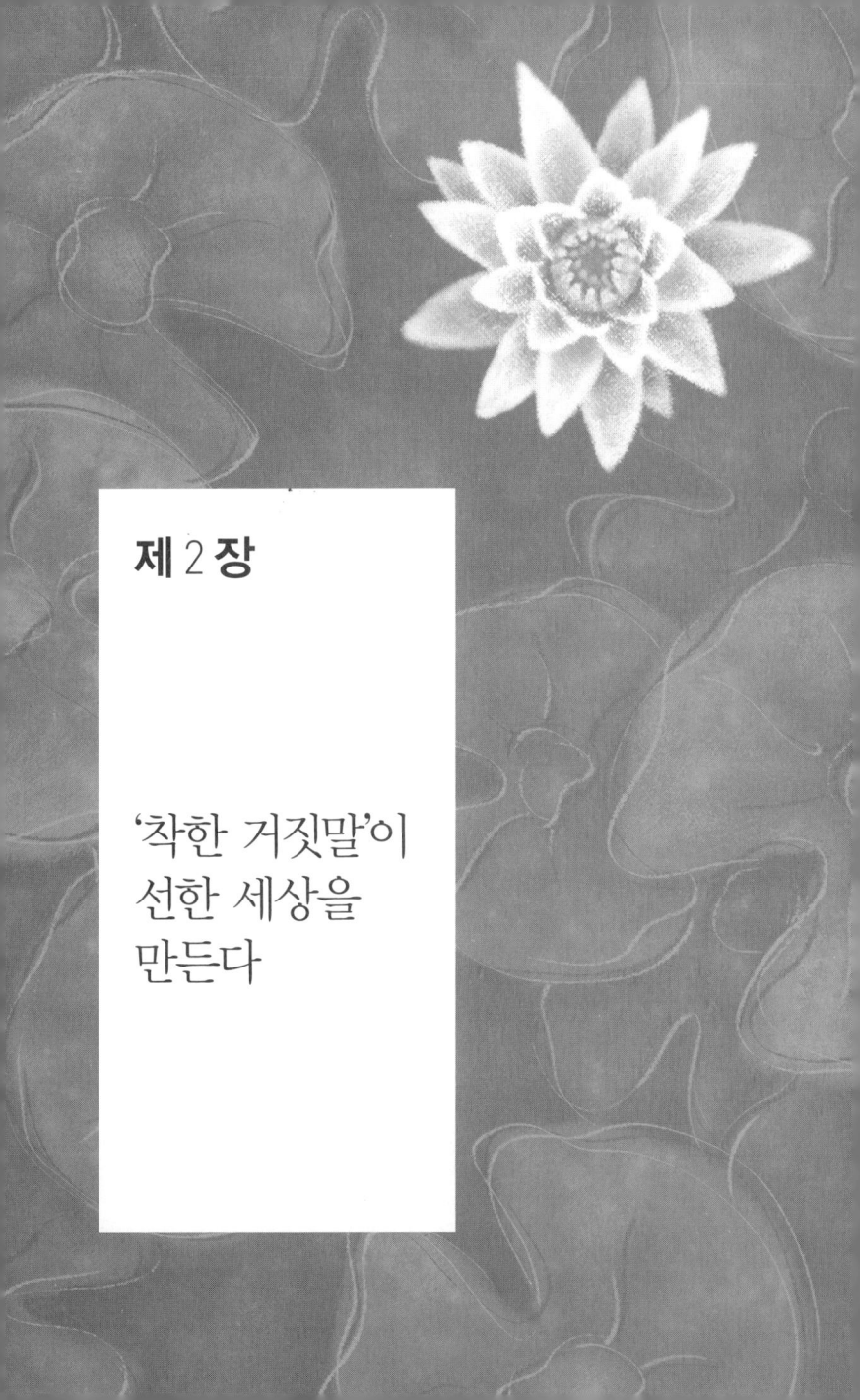

위선에 섞인
선악의 비율

위선은 무엇으로 이루어져 있는가

제1장에서는 세상에 알게 모르게 스며들어 사용되는 도덕에 대해 알아보았다. 그리고 도덕이 얼마나 왜곡되어 있고 악취를 풍기는지 다양한 측면에서 살펴보았다.

하지만 도덕을 단지 '속임수'라든가 '착한 아이 트릭'이라든가 '위선'이라고 잘라 말하려는 것은 아니다. 왜냐하면 세상의 거의 모든 것이 위선으로 이루어져 있기 때문이다. 믿어지지 않을 것이다. 따라서 위선에 대해 공격하거나 무시하면 어떻게 될까? 세상의 모든 것을 부정하는 상황이 되고 말 것이다.

그렇다면 이처럼 극단적인 사고로 치닫기 전에 우리는 한 번쯤 생각해 봐야 한다. 정말로 세상의 모든 것은 위선으로 이루어져 있을까? 그중에는 순수한 선의 마음이 10% 정도 포함되어 있을 수도 있다. 또는 30%, 50% 정도의 순수한 선의 마음이 포함된 위선도 있을 것이다. 이런 관점에 초점을 맞춰 보는 것이 더 유익할 듯하다.

애초에 위선에 순수한 선의 마음이 50%, 즉 반 정도 포함되어 있다면 어떻게 느껴질까? 그다지 '가식적'이라는 불쾌감은 들지 않을지도 모른다.

위선이라 하더라도 순수한 선의 마음과 더럽혀진 욕망, 기만의 마음이 섞인 비율은 가지각색이다. 따라서 그 차이에 따라 각각 다르게 다룰 필요가 있다.

추상적일 수 있기 때문에 구체적으로 살펴보기로 하자. 앞서 기업의 사훈에 대해 언급했다. '고객을 위해, 사회를 위해, 또 그 목표를 달성하기 위해 일치단결하고 근면성실한 태도를 갖자'라는 사훈이었다. 이는 위선에 지나지 않는 것처럼 보일 수 있다. 하지만 실제로는 사원들이 안정감을 느끼게 된다.

이는 현실을 속이는 가식적인 슬로건에 지나지 않고, 사원들조차 그것을 자랑스럽게 여기지 않는다. 하지만 이런 도덕적인 사훈은 걸려 있기만 해도 회사의 분위기가 조금은 온화해질 수 있다.

'허울 좋은 말'이라도 좋다

어떤 회사에 근무했던 사람과 이야기를 나눌 기회가 있었다. 그 사람은 전에 일했던 회사의 도덕 기풍에 대해 들려주었다.

그 회사는 '사회 공헌'을 강조하고 이를 전면에 내세우면서 설립되었다. 사원 교육에서도 '이익을 사회에 환원한다. 사회정의를 실현한다. 이익을 탐하지 않고 한 사람 한 사람을 위해 일한다'는 것을 강조했다.

그는 당시 그런 슬로건이 위선적이며 허울에 지나지 않는다고 느꼈다. 회사 역시 당연히 이익을 추구했다. '팔리지 않아도 좋으니까 질 좋은 상품을 만들겠다'는 장인 정신만을 고집할 수는 없었기 때문이다. 이런 현실 속에서 '세상과 다른 사람을 위해' '이익을 탐하지 않고'라는 그럴싸한 말은, 현실을 속이기 위한 가식에 지나지 않는다고 생각했다.

하지만 그는 이직한 후에 그 말의 본질을 깨달을 수 있었다. 새로 이직한 회사는 '무조건 이익을 올려라. 팔리지 않으면 직접 팔아라'라는 슬로건을 전면에 내세웠다. 이전의 회사는 '무조건 팔아야 한다'는 이익 지상주의식으로는 운영되지 않았다.

돌아보니 이전의 회사에서는 기획 단계에서 '사회에 도움이 되는 상품'이라는 확실한 기준이 큰 역할을 했다는 사실도 알게 되었다. 또한 '사원들은 이익을 올리기 위한 도구'라는 발상도 없었다. '사원도 사회의 일원으로 소중히 대우한다'는 도덕적 이념이 갖춰져 있었다. 이런 자세가 사원들의 마음을 평온하게 해 주었다는 사실을 깨닫게 된 것이다.

껍데기뿐인 가짜라도 위선이 낫다

이 에피소드에서 우리는 여러 가지 교훈을 얻을 수 있다. 그중에서도 특히 중요한 것은, '속임수가 포함된 허울 좋은 말이라도 실제로 각각의 내용에 따라서는 좋은 역할을 한다'는 점이다.

예를 들어 허울 좋은 슬로건조차 없는 경우를 보자. 아예 처음부터 노골적으로 '이익을 추구하는 것과 많이 파는 게 뭐가 나빠? 다른 사람을 밀어내는 게 뭐가 나빠?'라며 선이나 도덕을 완전히 무시하는 회사가 있을 수 있다. 반대로 가식적일지라도 '이익에 집착하지 않는다'는 고상한 슬로건을 내세우는 회사도 있을 것이다. 어떤 회사의 사원들이 더 평온한 마음으로 일할 수 있는지 짐작이 가지 않는가? 게다가 사람들에게 반감을 사는 일도 줄어들 것이다.

분명 위선(僞善)이라는 단어의 '위(僞)'에 무게를 두고 생각하면 '잘못된 것, 좋지 않은 것, 버려야 할 것' 등과 같은 부정적인 느낌이 떠오른다. 하지만 무게중심을 옮겨 위선의 '선(善)'에 두면 이는 어디까지나 순수한 선이 된다.

어쨌든 위선이 형식적이든 가식적이든 선인 이상 사람들에게 좋은 영향을 미친다. 나쁜 짓을 일삼는 사람도 그런 말을 듣게 되면 마음에 변화가 생겨 행동이 조금은 달라질 것이다. 나쁜 행동을 하고 감추는 데 급급하면 인과응보로 인해 마음은 큰 스트레스를 받는다. 감추려고 해도 언젠가는 반드시 드러날 것이다. 이렇게 나쁜 짓을 하면 마음이 억압되는 응보를 받아 오랫동안 고통을 받는다. 이를 봐도 나쁜 짓을 하지 않는 것이 가장 큰 행복이라는 걸 알 수 있다.

그러나 마음을 통제하지 못하기 때문에 욕망의 충동에 휩쓸리게 된다. 그리고 욕망의 충동에 반응함으로써 자신에게 손해를 입힌다. 무언가를 보거나 듣거나 정보를 입수한 순간 자신의 의지와는 전혀 상관없이, 순식간에 머릿속에서 삐딱한 이야기로 편집되기 때문이다.

만약 큰 수입을 얻었다고 해 보자. 이 정보가 들어오면 '머릿속 편집부'는 주인의 의지와 상관없이 제멋대로 편집

작업을 시작한다. 그런 다음 '와, 이렇게나 큰돈이 들어오다니. 하지만 세금을 많이 내야겠지. 세금을 안 낼 방법은 없을까?'라는 스토리를 만들어 낸다. 이런 욕망의 에너지는 순식간에 뛰어난 편집자에 의해 자동적으로 편집된다. 그리고 이를 부추겨 납세 의무를 피하도록 다양한 수단을 생각하게 만든다. 머릿속 스토리는 여기까지 단 1초도 걸리지 않을 정도로 맹렬한 속도로 편집되고 전개된다.

사람들은 이렇게 자신의 의지와는 상관없이 제멋대로 만들어지는 충동적인 스토리를 따른다. 그리고 많은 실패를 경험한다.

착한 척만 해도 행복해진다

충동을 일으키는 스토리를 이해하면 그 전개를 멈추게 할 수 있다. 스토리의 전개를 중단시키고 감정을 통제하면, 자신 또는 다른 사람에게 해가 되지 않는 선택을 할 수 있다. 따라서 머릿속 편집부가 제멋대로 만들어내는 스토리를 자기 의지로 통제할 수 있어야 한다. 이는 머릿속에 멋대로 자리 잡은 편집자들을 해고하고, 자기 의지대로 할 수 있도록 인사이동을 단행하는 것과 같다. 이런 인사이동은 불교의 선(禪) 테크닉의 정수이기도 하다.

가정이나 직장 환경에 완전하지는 않지만 도덕적이고 논리적인 분위기가 형성되어 있다면 어떨까? 무심코 작은 부정을 저지를 경우, 일부러 의식하지 않아도 자동적으로 도덕적 발상이 머릿속 스토리에서 편집된다. 이 때문에 자신을 해롭게 하는 충동적인 감정이나 행동에 휩쓸리더라도, 도덕으로 인해 해로운 정도를 희석하거나 상황에 따라 멈출 수 있게 된다.

인간은 분명 터무니없는 거짓말을 한다. 오히려 말은 거의 거짓말을 하는 데 사용되기도 한다. 동시에 사람은 회사에 내걸린 사훈이라든지 자신이 한 말에 영향을 받는다. 그러면서 아주 조금씩 '선'을 복용한다.

예를 들어 거짓이라도 좋으니까 '모든 중생이 행복하고 평온하기를' 하고 비는 것과 '모든 중생에게 파멸이 찾아

오기를' 하고 비는 것은 큰 차이가 있다. '행복하고 평온하기를'이라는 자비로운 말로 빌면, 비록 진심이 아니더라도 이 말에 영향을 받아 평온해지고 선한 마음이 생긴다. 또한 마음의 평온뿐만 아니라 신체적인 긴장이 풀려 편안한 느낌을 가질 수 있다.

가능하다면 이런 자비의 문장을 마음속으로 몇 번 되뇌어 보고, 몸과 마음이 어떻게 변하는지 느껴 보길 바란다. 불자든 아니든 자비의 말로 빌어 주면 반드시 지금보다 훨씬 마음이 평온하고 편해질 것이다.

반대로 '불행해져라'라든지 '죽어버려' '전쟁' '지옥' '부패' '오욕'과 같은 말을 입에 담는 것은 좋지 않다. 이런 말을 입으로 쏟아내면 쏟아낼수록 마음은 부정적으로 변하기 때문이다. 이런 부정적인 말들을 떠올리면 실제로 마음이 어둡고 무거워진다는 것을 쉽게 상상할 수 있을 것이다.

이런 이유로 처음에는 가식적이어도 괜찮다. 위선이라도 좋다. 처음에는 선이 10%밖에 섞이지 않고, 90%의 불순 첨가물이 들어간 위선이라도 상관없다. 그 10%를 소중히 여기며 정성껏 싹을 키워라. 그러면 선은 15%, 20%로 순도가 점차 높아질 것이다. 그리고 자신과 주위 사람들을 행복하게 만들어 주는 선으로 성장해 갈 수 있다.

위선에 숨겨진 착한 마음

제2장의 서두에서 '세상에는 거의 대부분 위선밖에 존재하지 않는다'며 비관적으로 말했다.

하지만 지금까지 살펴본 것을 전제로 하면, 대부분의 위선은 '선'에 강세가 있는 것에 가깝다고 할 수 있다. 이렇듯 위선을 뒤집어 보면 오히려 낙관적이고 밝은 측면까지 찾아볼 수 있다. 세상을 둘러보면 어떤 위선적인 행동에도 선이 섞여 있다. 가상의 세계라면 모를까, '100% 완전한 위선'은 현실에서 존재하기 어렵기 때문이다. 제1장에서 예로 든 다양한 위선적 행위에도 적지만 선에 대한 희망이 감춰져 있다. 애초부터 사람은 나약하고 불안정하기 때문에 철저히 악이 되기도 어렵다.

앞에서부터 선하지 않은 행위, 즉 욕망이나 분노의 행동으로 마음을 오염시키는 것은 자신에게 해가 된다고 했다. 만에 하나 완전하게 악을 마음속으로 생각할 수 있다 하더라도, 그 마음은 욕망과 분노로 인해 심각한 손상을 입어 정상적으로 살아갈 수 없을 것이다.

우리가 일상에서 하는 말이나 행동에는 분명 위선적인 요소가 포함되어 있다. 그러나 선이 섞여 있는 비율이 다르기 때문에 조금씩 차이를 만들어낼 수 있는 것이다. 이것이 현실인데도 우리는 다른 사람의 말이나 행동에서 '위선적이다'라거나 '기분이 나쁘다'고만 생각한다.

상사가 "일 때문에 힘들지? 곧 괜찮아질 거야"라고 말했다고 치자. 물론 마음속에서 100% 상대방을 위해 부처님처럼 자비로운 마음으로 말하기는 어려울 것이다. 하지만 진심이 아니더라도 상대방에 대한 배려는 담겨 있다. 그렇지 않는 한 사람은 상냥한 말투로 그렇게 말할 수가 없다.

그런데도 우리는 '빈둥빈둥하면서 말로만 걱정해 주는

척하네. 내 비위를 맞춰서 뭘 얻으려는 걸까?'라는 식으로 생각한다. 이렇게 분노의 감정을 만들어 자신에게 해를 끼치면서 비참하다는 생각을 한다. 이런 생각은 상대방에게도 불쾌한 기분을 전달해 침울하게 만든다. 위선에서 '선'이 아닌 '위'를 두드러지게 하기 때문이다.

하지만 만약 똑같은 말도 중요한 일을 성공적으로 마치고 기분이 좋을 때 듣는다면 반응은 180도 달라질 것이다. 위로의 말을 기쁘게 받아들일 것이고, 상대방에게 미소를 보내는 등 한결 여유롭고 편안하게 대화를 나눌 수 있을 것이다.

원재료로서 외부에서 들어온 정보는 똑같은 말이다. 그런데 마음의 표면에 어떤 감정이 활성화되느냐에 따라 원재료가 가공되어 만들어지는 스토리는 달라진다. 마음의 표면에 긍정의 감정이 활발하게 활성화되면, 외부에서 들어온 원재료에 선의 조미료가 첨가되어 평온한 만족감이 만들어진다. 반면 마음의 표면에 반발의 감정이 활성화되면 어떤 원재료가 들어와도 짜증스러운 유해 물질이 첨가되어 해로운 감정이 만들어진다.

즉 상대방의 위선적인 말 때문에 불쾌해지는 것이 아니다. 그 말을 입수한 뒤, 거기에 대량으로 뿌려지는 유해한 첨가물이 마음속에서 활성화되기 때문에 불쾌해지는 것이다.

마음의 호수에 떨어진 불씨를 끄는 법

색다르게 표현하면 마음의 자연 상태는 휘발유로 가득 채워진 호수와도 같다. 이 호수에 선의의 말이나 행동이 던져졌다고 가정해 보자. 비뚤어지고 짜증 나게 하는 말이나 행동의 불씨가 아닌데도 나쁜 에너지를 모아 마음을 동요시키는 사람이 있다. 이런 사람은 말이나 행동에 포함된 아주 작은 불씨를 민감하게 포착해 휘발유로 가득 찬 호수를 활활 태운다.

이에 대한 불교의 방식은 성분 100%의 휘발유로 이뤄진 마음의 호수를 물로 바꿔 놓는 것이다. 마음의 호수에 휘발유를 제거하고 깨끗한 물로 바꿔 채우면, 위선의 말이 불씨가 되어 떨어져도 불이 붙지 않을 것이다. 그 대신 물에 닿은 불씨는 꺼지고 마음도 동요하지 않게 될 것이다.

그런데 배려해 주는 말을 듣고도 '진심으로 걱정하지도 않는 주제에'라며 마음의 호수에 있는 휘발유를 태우는 사람이 있다. 이는 상대방의 말 때문이 아닌 자신의 마음속에 모아 둔 불쾌감의 첨가물이 더해져, 머릿속에서 마음대로 스토리를 편집하기 때문이다.

아인슈타인은 "순수한 사람은 아름다움을 보지만 돼지는 더러움을 본다"고 말했다. 우리는 다른 사람의 말을 '선이 포함된 위선'이 아닌 '가식'으로만 보고 불쾌감을 느낀다. 이렇게 자신의 마음속에 '반발의 카르마'라는 휘발유를 가득 담아 두고 있으면 어떻게 될까? 다른 사람의 행동이나 마음에서 더러움을 찾고, 다른 사람의 말에서 위선을 찾아 불쾌감을 느낀다. 마음이 분노의 카르마로 오염되어 있는 것이다.

이 분노의 카르마라는 휘발유를 늘리면 늘릴수록 단순

한 행동이나 현상을 접해도 항상 안정적이지 못하고 불쾌함을 느끼며 짜증을 낸다. 불행으로 가는 인격이 형성되는 것이다.

화를 내는 것은 상대방을 공격할 의도가 포함되어 있지만, 보편적 진리의 관점에서 보면 결코 상대방에게 상처를 줄 수 없다. 오히려 자신의 마음에 휘발유의 농도를 높여, 자기 자신에게 상처를 입히고 어떤 일도 즐길 수 없게 만든다.

기쁨과 분노의 출발지

지금 창문에서 조금 쌀쌀하다 싶은 서늘한 바람이 불어온다. 때는 저녁 무렵으로 멀리서 천둥소리도 울려 퍼지고 있다. 마음속에 더럽혀진 휘발유를 대량으로 축적해 둔 사람은 이 바람을 맞으면 다음과 같이 느낄 것이다.

'참 쌀쌀하네. 왠지 기분이 나빠지는군. 멀리서 천둥이 치는데 폭풍이 몰려오려는 걸까? 외출하려고 했는데 짜증 난다.'

이 사람은 '자, 지금부터 불쾌하다고 느끼자'라며 의도적으로 불쾌해진 것은 아니다. 자신도 뭐가 뭔지 모르는 사이에 순식간에 '아, 싫다'라는 불행한 기분을 만든 것이다.

　이 불행의 원인은 바람도, 비도, 천둥도 아니다. 사소한 불씨를 포착해서 불쾌함에 불을 붙이고 폭발시킨 휘발유 탓이다. 불행하다는 생각이 드는가? 그런 감정에서 한 걸음 물러서서 생각해 보라. 여름의 끝을 고하는 소나기의 시원함을 느끼며 자연의 변화를 즐길 수 있을 것이다. 하지만 이 사람은 파블로프의 개처럼 무의식적으로 자신을 괴롭히는 반응을 한다. 이처럼 무언가 좋은 부분, 즉 선한 부분을 보려 하지 않고, '위'나 '악'의 부분을 바라보면 마음속에 폭발성을 띤 휘발유가 축적된다. 이는 자기 자신을 불행으로 한발 한발 더 다가가게 할 뿐이다.

　지금 창밖에 내리는 비는 유쾌할 정도로 쏟아지고 있다. 그 빗소리를 듣고 '아, 시끄럽다. 집 안으로 물이 튀어 들어와서 싫다'며 불행한 기분을 느낀다면, 과거에 채워

둔 분노의 휘발유 때문에 응보를 받고 있는 것이다.

카르마는 '죽였으므로 죽임을 당하는 응보를 받는다'와 같이 단순하지 않다. 과거에 만든 무언가에 대해 '싫어'라는 카르마가 마음속에 축적되고, 그것이 원인이 되어 바람이나 비만 보아도 마음이 부정적으로 동요하는 것이다. 이것이 진정한 의미의 '카르마의 응보'다.

반대로 '가끔은 이런 비나 천둥소리도 좋군'이라며 평온하게 상황을 즐길 수도 있다. 이 역시 과거에 만들었던 평온한 만족감이라는 감정이 원재료인 비와 바람에 첨가되어 좋은 기분을 느끼게 해 주는 것이다. 즉 비나 바람을 즐기는 것도 과거의 카르마에 따른 응보다.

사람은 과거부터 쌓아 온 카르마에 의해, 단순한 재료에 지나지 않는 비나 바람에 대한 정보를 '기분 좋다'거나 '불쾌하다'고 가공한다. 보편적인 진리의 관점에서 보면 그런 정보는 기분이 좋거나 나쁜 것과는 상관없다. 단지 그 순간 비가 내리고, 바람이 불고, 천둥이 칠 뿐이다.

누군가의 말이나 행동에서 위선의 '위'를 크게 보고 싶어지는 것은 마음의 휘발유 때문이다. 하지만 그렇게 확대하면 휘발유의 양은 더 늘어나서 더욱 불행해진다. 위선은 다양하게 변하면서 위치를 바꾼다. 따라서 자신과 상대방을 불행하게 만들지 않으려면 '선'의 부분에 더 민감하게 반응할 수 있어야 한다.

나쁜 사람 신드롬에서 벗어나기

나쁜 사람이 더 매력적이다?

요즘 같은 세상에서는 '도덕'이라든지 "착한 행동이 멋진 거야"라고 말하면 아무도 수긍하지 않는다. 오히려 도덕이나 선을 냉대하고 바보처럼 생각하면서 삐딱한 태도를 취한다.

아사이 겐이치(浅い健一)라는 음악가가 작사한 「작은 꽃」이라는 곡이 있다. 가사의 일부를 여기에 소개하겠다.

사랑, 사랑이 전부라고 말한다.

사람들은 그렇게 말하지만

꿈, 커다란 꿈을 안고 살아간다.

그렇게 살아간다.

분명 모두

착한 마음만으로는 모두가 바보 취급을 하니까 살아갈 수가 없어.

그런 세상이야.

그렇다면 차라리 더러움에 물들고 착한 마음 따위 던져 버리면 돼.

그렇겠지.

그런 편이 훨씬 편한걸. 그런 편이 훨씬 더 잘해 나갈 수 있어.

그런 세상.

 이 가사는 '사랑'이나 '꿈' '솔직한 마음'을 부정하는 것처럼 시작한다. 하지만 가사의 마지막 부분에서는 '작은 꽃을 높이 들고 빛을 비춰 보자'라며 희망을 기대하게 한다.

아사이 겐이치는 이 노래를 통해 순수하고 더럽혀지지 않은 마음을 칭송한다. 그런데 현대사회에서는 그런 마음을 솔직히 노래하면 왠지 모르게 가식적으로 들린다.

그래서 겐이치는 '차라리 더러움에 물드는 편이 낫겠다'고 부정하면서 현실과 거리를 두려고 한다. 동시에 그런 현실이지만 자신은 애써 순수한 마음을 지키려고 한다는 굴절된 표현을 사용함으로써 설득력을 얻고자 한다.

많은 사람이 선이나 순수함에 대해 진심을 말하면 가식적이라거나 어리석다고 생각하며 믿지 않으려고 한다. 그러나 이는 오해에 지나지 않는다는 점을 강조하고 싶다. 이에 대해서는 나중에 다시 설명하기로 하겠다.

많은 사람이 좋은 행동과 상냥함을 솔직히 표현하지 못하고 부끄럽게 생각하거나 피하려 한다. 요즘 시대에는 비뚤어진 태도를 취하거나 위선적이고 좀 이상해 보이는 사람들이 인기를 끌기 때문이다. 영화나 드라마에서도 삐딱한 성격과 악역을 연기하는 사람이 인기가 많다.

착한 행동이나 마음은 담백하고 자극이 없는 심심한 맛에 비유할 수 있다. 반면 지금의 사회는 지나치게 자극적인 요소가 가미되어 맛을 음미할 여유도 없이 먹는 패스트푸드에 가깝다. 즉 약간 불량스러워 보이는 사람이 매력적으로 느껴지는 시대인 것이다.

'나쁜 사람'은 '특별한 사람'이 아니다

'좋은 사람'이란 말이 갖는 가치가 요즘처럼 바닥을 치는 시대도 없을 것이다. "스즈키는 좋은 사람이야"라는 말을 들었을 때, 스즈키라는 사람이 과연 기뻐할까?

그렇다고 그를 부정하려는 의도는 없다. 다만 '좋은 사람'이라는 말에서는 '별로 쓸모가 없는 시시한 사람'이라는 조롱의 느낌이 들 뿐이다. '좋은'이란 말을 잘 생각해 보면 '평범함'이나 '진부함' '시시함' 등이 느껴진다.

여기서는 이 '평범함'이란 말의 느낌에 주목해 보자. 평범함은 진부하거나 시시하다는 오해를 받는다. 그래서 이런 평범함에 삐딱한 태도로 거리를 두거나 조금 다르게 행동하면 '나는 평범하지 않다. 특별한 존재다'라는 인상을 줄 수 있다. 그리고 실제로 많은 사람이 그런 충동을 느낀다.

지금까지 위선에 대해 설명한 것처럼 '도덕'이나 '착한 행동' '상냥함' '배려'와 같이 감칠맛이 나는 말들은 가식적인 측면이 있다. 그렇기 때문에 가식적인 행동이나 말과 달리, 다소 나쁜 사람처럼 말하고 행동하는 것은 '위선이란 이름의 거짓에 대항한다'는 용감한 기분을 느끼게 해준다.

또한 도덕이나 선은 사회, 직장, 학교를 대표하는 것처럼 보인다. 그래서 이에 거스르는 것처럼 행동함으로써 자신은 사회에 저항하는 입장에 서 있다는 인상을 줄 수 있다. 인상은 인상일 뿐이므로 그런 행동은 착각에 지나지 않는다. 이렇게 착각에 불과한데도 많은 사람은 '나쁜 사람인 척'하고 싶어 한다.

'나쁜 사람(outlaw)'이란 '법률(law)'과 '밖(out)'의 합성어다. '선'에 대해 편견을 갖고 있는 사람을 표현하기에는 딱

맞는 단어인 듯하다.

그러나 세상에는 법에 어긋나는 범죄를 저지르는 사람보다 합법을 가장해 범죄를 저지르는 이가 더 많다. 나쁜 사람 신드롬에 빠진 이들은 자신을 보통 사람들과는 다른 특별한 존재라고 생각한다. 즉 자신을 '세상에서 가장 소중한 특별한 사람'이라고 생각하는 것이다. 이들에게 나쁜 사람 신드롬은 정신적 만족을 가져다주는 아주 좋은 수단이다.

특별하다는 착각에 중독되다

앞에서 언급했듯이 개인은 그다지 특별할 게 없는 존재다. 하지만 우리는 그런 진실을 감추려고 애를 쓰면서 다양한 선택지를 탐색한다.

예를 들어 '그는 나만을 사랑하고 있어' '내가 아무리 한심한 짓을 해도 그녀는 나를 사랑해 줄 거야'라고 생각하며 자신이 특별하다고 느낀다.

이런 특별한 느낌을 갖지 못하는 사람은 일에서 큰 성

공을 거둠으로써 자신을 둘도 없이 소중한 존재라고 느끼고 싶어 한다. 하지만 그런 생각도 그다지 좋은 결과를 가져오지는 못한다.

이렇게 특별함을 느끼게 해 주는 도구는 거의 없다. 때문에 이상한 종교에 쉽게 심취하게 되는 것이다. 그런 종교 단체들은 헤어나기 어려운 달콤한 말을 들려주면서 서서히 세뇌시킨다.

또 하나가 있다면 '나쁜 사람'인 척하는 방법이다. 연애나 일에서 성공하려면 노력이 필요하다. 하지만 이상한 종교 단체에 들어가거나 나쁜 사람인 척하는 것은 노력이 필요 없다. 나쁜 사람인 척하며 삐딱한 태도를 취하는 것은 많은 노력 없이도 정신적 만족을 느낄 수 있기 때문에 사람들에게 더 인기가 있다.

즉 '나는 사회에 적응하고 싶지 않고 다른 사람과 어울리기도 싫다'는 태도를 취하는 것은 자신이 사회에 대응하는 특별한 사람이라는 느낌이 들게 한다. 또는 좀 더 적극적일 경우 자신이 속해 있는 집단의 규칙을 무시함으로써 '나는 특별한 존재이므로 규칙 따위엔 얽매이지 않는다'라는 태도를 취할 수도 있다. 어느 쪽이 되었든 쉽게 특별함을 느낄 수 있는 방법이 인기를 끈다. 이렇듯 많은 사람이 삐딱한 태도를 취하고 규칙을 어기는 것이 유행하는 세상이 되었다.

그런데 아이러니하게도 모두가 유행을 따르자, 그런 행동들이 더 이상 '특별'하지 않게 되어버렸다.

평범한 것이 가장 특별한 것이다

삐딱한 태도를 취하거나 규칙을 무시하는 태도는 너무 유행함으로써 더 이상 특별하지 않게 되었다. 오히려 매우 '평범'해졌다. 이 때문에 애써 삐딱한 태도를 취했지만, 특별한 느낌을 얻기는커녕 결과적으로 가장 평범한 집단에 속하게 된 것이다.

그런데도 자신의 특별함을 조작하기 위해 발버둥을 치면 어떻게 될까? 규칙을 깨거나 나쁜 사람인 척하는 정도를 더욱 강화해야 한다. '다른 사람들은 이만큼 나쁘지만 나는 더 큰 나쁜 짓을 해버렸다. 와! 대단해!'라며 더 많은 악행을 저지르는 것이다.

이렇게 함으로써 자신은 다르다고 착각하며 허세를 부리게 된다. 하지만 그런 심리 때문에 규칙을 깨거나 누군가를 공격할 때, 마음은 불쾌한 상태가 되어 동요하고 육체적으로도 불안정해진다. 게다가 주변 사람들까지 불안해져 반감을 사게 된다.

결국 허세를 부리는 것은 자신에게 큰 득이 되지 않는다. 범죄 행위까지 하면서 자신을 괴롭히고, 어느 정도 허세를 부릴 수는 있겠지만 전혀 특별하지 않은 것이다. 그리고 전혀 멋있어 보이지도 않는다.

어릴 때는 선생님이 질문하면 솔직히 대답하기가 부끄러워 일부러 반발하며 말대꾸를 하기도 한다. 이때 마음은 전혀 평온하지 않고 혼란스러울 뿐이며, 몸도 흥분되어 불쾌하고 긴장된다. 결국 특별한 느낌은 얻지 못한 채 몸과 마음만 피곤해진다. 이렇게 아무런 도움이 되지 않는 행동에서 가능하면 최대한 빨리 벗어나야 한다.

위선 때문에 마음이 상하다

나 자신도 한때는 위선이 싫어서 나쁜 행동을 하며 나를 괴롭히던 시절이 있었다. 나의 과거를 돌아보며 '위선과 악은 모두 나쁘다. 하지만 둘 중에서 어느 쪽이 좀 더 나은가?'를 한번 생각해 보려고 한다.

중학교 1학년 때였는데 학급위원을 한다는 게 너무 싫었다. 이는 어느 반에나 있을 법한 일이다. 학급위원은 선생님이나 반 친구들 앞에서 하기 싫은 일을 솔선수범해 떠맡아야 한다. 나는 따돌림을 당하는 아이가 있으면 다가가서 감싸 주기도 했다. 그러나 그 아이를 일대일로 만났을 때, 그 애는 나에게 지극히 제멋대로 굴거나 차가운 태도를 보였다. 어리석게도 나는 따돌림 당하는 아이와 교실에 함께 있기만 해도, 그의 태도가 머릿속에 떠올라 기분이 나빠서 안정을 찾을 수가 없었다.

이 아이에 대한 반 친구들의 태도는 가지각색이었다. 모두 그를 싫어했느냐 하면 그런 것도 아니었다. 의지할 수 있는 아이라고 생각하는 친구도 있었고, 아예 관심조차 갖지 않는 친구들도 있었다. 나처럼 싫어하는 학생도 있었다.

싫으면 그 사람에 대해 생각하지 않으면 된다. 그런데도 나는 '그 애는 위선적이야. 왜 그렇게 냉담하게 구는지 화가 나'라는 생각을 계속하고 두통과 복통을 일으키면서 자신을 괴롭혔다.

고장 난 분노 제어장치

중학교 시절의 에피소드를 하나 더 예로 들어 보겠다. 늘 짜증만 내는 나를 차마 볼 수 없었던 아버지가 걱정이 되셨는지 나에게 한 말씀 하셨다.

"너에게 이런 말을 해야 할지 망설였다. 말하지 않는 편이 좋을 것 같다는 생각이 들었지만 역시 해야겠다."

아버지는 내가 상처를 입게 될까 봐 걱정하셨다. 게다가 강요하는 것은 아닐지 고민한 끝에 말을 걸어 주셨다.

그러나 내 마음속에서는 아버지가 말을 꺼내는 순간 '분노의 카르마'라는 휘발유가 활성화되었다. 그래서 아버지의 말 속에 담긴 위선의 '위'를 즉시 포착했다. 그러자 나는 내 의지대로 나를 통제할 수 없었고, 마치 파블로프의 개처럼 순식간에 격하게 반응하고 말았다.

"말하지 않는 편이 좋을 거면 말하지 마세요!"

이렇게 무작정 화를 내며 쏘아붙였다. 아버지는 상처가 될까 봐 말하지 않는 편이 좋을지 모른다며 먼저 나를 배려해 주셨다. 그러나 나는 "그렇게는 안 될걸요"라며 격분했다. 이렇게 말대꾸를 하자 내 의도와는 다르게 마음이 무거웠다. 가슴이 답답하고 심하게 요동쳤다. 심장을 쥐어짜는 것처럼 고통스러워 큰 소리를 내지르고 싶었다. 그 당시 나는 아버지의 말뿐만 아니라, 세상의 모든 위선적인 것에 대해 비판과 분노를 쏟아내고 있었다.

이런 날이 선 성격 때문이었는지 몰라도 불량한 학생들은 나를 동경했다. 하지만 불행인지 다행인지, 나는 또 다른 불량 상급생들의 눈에 띄어 괴롭힘을 당했다. 결국 불량한 학생들과는 한패가 되지 못하고, 그저 화를 잘 내는 극히 평범한 아이로 중학교를 마쳤다.

통제하지 못하는 감정

어릴 때부터 나는 위선을 공격하는 반응 패턴을 반복하고 강화하면서 분노의 카르마를 계속 쌓아 갔다. 그러다 하고 싶은 일을 마음껏 할 수 있는 대학생이 되자 더욱 불행한 길을 걷게 되었다.

대학에 들어가 서양철학을 배우면서, 주제넘게도 니체가 도덕을 완전히 깎아내리고 비판하는 서적에 탐닉했다. 이것이 위선에 대한 나의 증오를 한층 더 자극했다.

니체 연구자들이 말하는 전문가적 견해를 잠시 제쳐두면 '도덕 따위는 딱 질색이야. 도덕에 얽매여 살고 싶지 않아'라는 정도의 대중적 수준에서 니체를 이해할 수 있다. 이는 현대인들이 니체를 읽든 읽지 않든 니체주의자가 되어 간다는 것을 의미한다. 나도 유사 니체주의자의 한 사람으로서 자신과 주위 사람들을 몹시 업신여기고 나무랐다. 그 당시의 불선(不善) 행위를 떠올리면 셀 수 없이 많다. 하지만 그중에도 가장 심했던 것을 예로 들어보겠다.

나는 대학에 다니면서 학생 신분으로 결혼을 했다. 하지만 결혼 전까지만 해도 '법률적으로 서로를 속박하고 소유물처럼 취급하는 결혼은 절대로 하지 않겠다'고 생각했다. 그런데 누구보다도 먼저 결혼한 것이다. 약간 부끄럽다는 생각이 들어서 주변 사람들에게는 알리지 않았다. 결혼 사실을 감춘다는 것은 큰 스트레스가 됐다. 그런 가치관을 갖고 있었는데 어떻게 그렇게 빨리 결혼한 것일까?

그녀는 이렇게 말했다. "만약 당신이 다른 여자를 좋아하게 돼도 당신을 속박하지 않고 순수하게 좋아할 거예요." 이렇게 그녀는 결혼 후에도 나를 속박하지 않겠다고 약속했다.

풋내기였던 그 당시를 회상하면 '사람과 사람이 서로를 독점하는 결혼제도는 문제다'라며 자못 훌륭한 문제의식을 가진 듯 보인다. 그런데도 쉽게 결혼한 것은 결혼해도 구속받지 않고 마음껏 즐길 수 있다는 생각 때문이었다. 또한 만약 내가 다른 여자를 만나도 그녀는 싫어하지 않고 나를 계속 좋아해 줄 것이라는 착각도 한몫을 했다. 그러면서 '이렇게 사랑을 받는 나는 특별하다. 둘도 없는 소중한 존재다'라는 망상을 하고 있었다. 당시에는 이런 자각을 못했지만 지금 돌이켜 보면 왜곡된 연애관을 갖고 있었던 것이다.

그녀와 서로 속박하지 않겠다는 약속을 바탕으로 결혼생활을 시작했다. 하지만 내가 다른 여자와 교제하고 있다는 사실을 알리자, 그녀는 짐승처럼 울부짖으며 나를 비난했다. 그녀가 나를 비난하자 내 마음은 이상한 방향으로 동요되기 시작했다. 아무리 생각해 봐도 잘못은 나에게 있었다. 그러나 나의 머릿속 편집부는 정반대 방향으로 스토리를 써 나갔다. 다른 여자와 교제해도 속박하지 않겠다고 했으면서 이렇게 짐승처럼 화를 내다니, 거짓말쟁이라는 생각이 들었다. 어리석고 어이없는 생각이지만 나는 그 비난에 상처를 받았다. 이때의 내 심정은 '헌신하겠다던 말은 모두 거짓이었나? 그것은 내가 제일 싫어하는 위선이 아닌가!'였다. 내게서는 다른 사람의 위선을 찾아내 화를 터뜨리고 공격하는 분노의 카르마가 얼굴을 내밀고 있었다.

우리는 언제 '자신'이 특별하고 소중한 존재라는 것을 가장 절실하게 느낄 수 있을까? 내가 먼저 상대방에게 다정히 대해 준 대가로 돌아오는 애정은 아닐 것이다. 그것은 조건이 달린 하찮은 것에 지나지 않는다. 반대로 나는 상대방에게 나쁜 짓을 했는데도 상대방은 계속 헌신적으로 애정을 쏟아 주는 경우가 있다. 이 경우 왜곡된 특별함, 즉 '상대방은 무조건 나를 위해 헌신한다'는 머릿속 스토리가 완성된다.

이런 스토리 때문에 연애를 할 때 자신은 특별한 존재라고 착각한다. 그래서 연인에게 다정히 대하지 않는다. 그 결과 현대사회에는 상대방에게 일방적으로 애정을 요구하는 풍토가 만연하다.

연인에게 다정하기는커녕 오히려 학대하면서 자신만을 좋아해 주길 원한다. 이는 특별하다는 우월감을 만들어내는 머릿속 스토리의 가장 핵심적인 부분이다. 그녀의 비난은 나의 왜곡된 머릿속 스토리의 완성을 방해하는 것으로 간주됐다. 그래서 '나의 머릿속 스토리대로 움직이지 않다니 용서할 수 없어!'라며 분노가 폭발한 것이다.

'속박하지 않기로 약속해 놓고 결국은 거짓말쟁이에다 위선자였어'라는 감정에 분노의 방아쇠가 당겨졌다. 나는 처음으로 그녀에게 손찌검을 했다. 누군가를 때린다는 것은 내가 갖고 있던 나에 대한 이미지와 전혀 맞지 않았다. 그래서 몹시 우울해지고 후회가 됐다. 그러나 그런 후회조차도 그녀를 걱정해서가 아니었다. 나의 이미지에 손상이 갔다는 것에 대한 후회였다. 참으로 이기적이고 혼란스러운 마음 상태였다.

당연히 그녀에게 손찌검을 한 날부터 행복한 생활에 금이 가기 시작했다. 표면적으로는 평온하고 오붓해 보이는 듯했다. 하지만 그날 이후로 잠재의식 속에 쌓아 두었던 강렬한 분노의 카르마는 그녀를 향해 있었다. 그때까지만 하더라도 내가 분노하는 대상 중에서 연인은 특별히 제외되어 있었다. 하지만 한 번 분노의 방아쇠가 당겨

지자 그 대상은 연인임에도 불구하고 멈출 수가 없었다.

당시의 나는 수행 따위에는 전혀 관심이 없는 무늬만 승려였다. 따라서 내 마음을 다스리고 통제하는 법도 몰랐다. '이번에는 참지 못하고 손찌검을 하고 말았지만 다음번엔 이런 일이 없을 거야'라며 대수롭지 않게 여겼다. 그래서 더욱 그녀에 대해 원인을 알 수 없는 분노와 공격성이 패턴화되어 멈출 수가 없었다.

인간은 마음에서 한 번 분노를 활성화하면 매우 무서운 결과를 초래한다. 그렇게 되면 아주 사소한 말이나 행동도 심하게 왜곡해서 받아들이고 한층 강화된 분노를 쏟아낸다. "오늘 어디 가는데?"와 같은 지극히 평범한 질문에도 격하게 반응하는 것이다. 나는 "어디 갈지를 캐묻다니. 기분 나쁘게"라며 화를 냈다. 또 "나가서 채소라도 좀 사 올까?"라는 지극히 평범한 질문에도 극소량의 '위'를 찾아내서 격렬히 반응했다. "그 따위 은혜를 베푸는 듯한 표현을 쓰지 말고 사 올 거면 사 와!"라고 화를 내며 업보를 쌓아 갔다.

나는 이렇게 내 마음을 분노로 물들이고 고통받으면서, 상대방에게도 지옥 같은 고통을 안겨 주었다. 그런 내 모습을 정면으로 바라볼 수 있게 되었을 때 나는 큰 충격을 받았다. 나는 미학과 문학과 철학을 연구하면서, 비판적 태도로 허세를 부리며 사는 것이 멋진 삶의 방식이라고 여겼다. 그래서 그런 삶을 살아갈 생각이었다. 하지만 현실은 소리를 지르고 반발하는 그녀에게 "입 닥쳐!"라며 가혹한 행위까지 하면서 너무나 가련한 삶을 살고 있었다.

나쁜 마음의 업 쌓기를 중단하라

'아름다운 나'라는 머릿속 스토리에 기초한 이미지와 내가 현실에서 행하는 악행은 너무 달랐다. 나는 이를 절실히 깨달았다. 그러자 갑자기 '많은 것을 일단 손에서 내려놓아야겠다'는 생각을 하게 되었다. 여기서부터 나의 나쁜 습성과 버릇을 조금씩 바꿔 가려고 노력했다. 변화가 시작된 것이다.

나는 먼저 내 마음의 습성을 정확히 관찰하기로 했다. 그러자 '아, 내 말투와 사고방식이 나와 주변 사람들에게 고통을 주는구나'라는 것을 받아들일 수 있었다. 또한 이를 알게 됨으로써 나쁜 습관들을 멈추도록 마음을 변화시킬 수 있었다. 전작 『침묵입문』에서는 이처럼 혼란스럽고 더럽혀진 마음이 위험하기 때문에 바꿔야 한다고 말했다. 거기서 사례로 든 다양한 사악한 마음은 모두 과거에 내가 했던 행동이다. 사악한 반응 패턴을 끊자 분노가 서서히 가라앉았고 험악한 표정들도 온화해졌다. 또 언제나 두통과 어깨 결림과 소화불량으로 고통 받던 신체적인 부조화도 놀라울 정도로 회복되어 갔다.

가장 힘들었던 점은 내가 지금까지 이렇게 기분 나쁜 사람이었다는 것을 숨기지 않고 모두 드러내는 것이었다. 어릴 때부터 모든 것에 반발하며 쌓아 왔던 나쁜 카르마의 양은 엄청났다. 그러나 거기에 맞서게 해 줄 선한 카르마는 너무나 보잘것없고 작았다.

홍차가 맛이 없거나, 연인이 사소한 약속을 지키지 않

아도 격렬하게 반발하고 따지고 싶었다. 하지만 그럴 때마다 그냥 흘려보내려고 노력했다. 때때로 실패하기도 했지만 이렇게 아주 사소한 것들부터 계속 도전했다.

언뜻 보면 이런 노력은 오랫동안 쌓아 온 분노의 카르마 앞에서 아주 무기력하게 느껴질 수도 있다. 하지만 단 한 번이라도 분노의 카르마에 대한 반응 패턴을 중단하면 마음이 평온해지는 것을 느낄 수 있다. 자신뿐 아니라 다른 사람에게 상냥해질 수 있는 여유도 생긴다.

이것만으로 끝나지 않는다. 분노의 반응을 중단할 수 있으면 다음에는 다른 패턴도 중단할 수 있게 된다. 분노의 카르마에 휩쓸리면 그것은 내면에 축적되고 습관화된다. 마찬가지로 분노의 카르마를 쌓는 것을 중단하는 데 성공하면 그것 역시 습관화된다. 처음에는 비록 자극이 약해도 반드시 마음속에 쌓여 간다.

나는 아내와 헤어진 뒤에도 서로 돕는 좋은 관계를 만들기 위해 대화를 이어 갔다. 그 과정에서 또 많은 시행착오를 겪었다. 비뚤어진 마음이 모습을 드러내려고 할 때마다 주의 깊게 관찰하려고 노력했다. 선하지 않은 감정을 흘려보내려고 부단히 애썼다. 그런데도 때때로 비뚤어진 마음에 휩쓸리는 경우가 있었다. 그러나 포기하지 않고 계속 도전함으로써 결국 많은 어려움을 이겨내고 서로를 배려하는 친구 관계를 유지하게 되었다.

이런 노력을 이어 가며 가까스로 분노를 다스릴 수 있었다. 그 무렵 존경하는 승려를 만나면서 이때부터 비로소 불도의 길을 걷기 시작했다.

혼자의 힘으로 자신을 변화시키기 위해 악전고투해 왔던 문제들이 불가의 가르침과 좌선을 통해 대부분 해결할 수 있다는 것을 깨닫자 큰 감동이 밀려왔다. 이렇게 나사를 풀거나 끼우듯 인간의 마음이라는 복잡한 기계 장치를 변화시켜 왔다. 하지만 그 변화는 의외로 쉽게 설명할 수 있다. 나는 위선을 정말 싫어한 나머지 '착한 척하지 않는 게 뭐가 나빠'라는 위선의 함정에 빠져 있었다. 그러던 내가 가식적인 말이나 행동에 대해 비판을 멈추게 된 것이다. 그리고 착한 사람이 된다는 것은 불가능하겠지만, 가식적이어도 좀 더 선한 사람이 되기로 목표를 세웠다.

이렇게 오랫동안 노력하면서 예전의 지인들과 다시 만나게 되었다. 오랜만에 만난 지인들도 "전혀 다른 사람이 되었군. 놀라워!"라고 말할 정도로 나는 온화한 사람으로 변해 있었다. 엷은 맛에서도 섬세한 행복감을 음미할 수 있을 정도로 변한 것이다.

나는 한때 최악의 상태에 빠져 헤어나지 못하고 있었다. 그러던 내가 스스로 쌓아 오던 카르마와 나쁜 기운에서 완전히 벗어나게 됐다. 이런 최악의 사람도 노력하면 자신을 변화시킬 수 있다. 다시 말해 어느 누구든지 자신을 변화시킬 수 있는 것이다.

자신의 과거를 아주 잠시만 시간을 내서 되돌아보라. 그러면 선하지 않는 행위가 얼마나 몸과 마음에 파괴적인 영향을 미치는지 알게 될 것이다. 그리고 '악보다는 위선이 훨씬 낫다'는 결론에 도달하게 될 것이다.

마음을
메마르게 하는 위악

어정쩡한 속임수

상식이나 도덕, 규칙을 따르는 사람보다 삐딱한 태도를 취하는 쪽이 왠지 멋있어 보이는 구조에 대해 좀 더 살펴보자.

교사가 허세를 부리려고 학생들에게 "개인은 모두를 위하고, 모두는 개인을 위한다. 모두 열심히 공부하자!"라고 말했다. 그리고 순간적으로 "어라? 무심코 고리타분한 말을 하게 됐네"라고 덧붙였다.

이렇게 덧붙여진 대사의 효과는 명백하다. 첫 대사 부

분만 말하고 끝냈을 경우 학생들 중에는 '아주 심각한데? 고지식한 선생님이네'라고 비웃는 사람도 있었을 것이다. 하지만 "무심코 말하게 됐네"라고 얼버무리면 '그렇게 심각해질 생각은 없다'는 것을 어필할 수 있다. 그러면 듣는 사람도 '그래? 저렇게 말하는 걸 보니 그다지 고지식한 선생님은 아니군'이라고 받아들일 것이다.

여기서 중요한 의문이 생긴다. '자신이 말한 내용과 거리를 두려는 태도는 어떤 기능을 할까?'라는 점이다.

거리를 두고 어정쩡한 태도를 취하려는 것은 곧 '알고 있다'는 것을 의미한다. 즉 '자신이 한 말이 분명 고리타분한 대사라는 것을 알고 있다'는 것이다. 이처럼 '알고 있다' '이해하고 있다'고 드러냄으로써 자신이 한 말이나 행동에 거리를 둘 수 있다.

또한 '나는 이 말이 고리타분하다는 것을 알고 있기 때문에 나를 바보 취급하면 용서할 수 없어. 그리고 나는 이 고리타분한 대사와 거리가 있기 때문에 고지식한 인간이 아니야'라는 메시지를 암시한다. 즉 "고리타분한 말을 하게 됐네"라는 대사에 감춰진 메시지는 '내 말에 숨이 막히겠지만 나는 원래 그런 사람이 아니다'라는 것이다.

알면서도 굳이 말할 때의 심리

평소에 경험할 수 있는 다른 예를 들어 보겠다. 누군가가 이렇게 말했다고 치자. "말하기 껄끄럽지만 굳이 말하는 건데, 넌 붙임성이 없어."

이런 표현은 말하는 사람이 의식을 하든 안 하든 상관없이 다음과 같은 명백한 효과가 있다. 즉 '듣는 사람이 상처를 받을 수 있기 때문에 가능하면 말하지 않는 게 좋다는 것쯤은 알고 있다'는 것이다. 또한 상대방에게 상처를 주는 말과 거리를 두는 척하는 것이다.

이를 통해 '나는 너에게 상처를 주고 싶진 않지만, 나는 너와 달리 붙임성이 있어'라는 인상을 심어 주고 싶어 한다. 하지만 결과는 정반대의 효과를 낸다. '말하기 껄끄러우면 애초부터 말하지 마'라는 반응을 불러일으키기 때문이다.

아이러니하게도 '말하기 껄끄럽지만'이라는 단서를 붙이며 말하는 사람은, 그저 단순히 "너는 붙임성이 없어"라고 말하지 못한다. 직설적으로 말해 버리면 '나는 당신을 배려하는 따뜻한 마음을 갖고 있어'라는 자기 이미지를 부정하게 되고, 이는 자신의 자존심에 상처를 주기 때문이다.

그래서 '말하기 껄끄럽지만'이라고 덧붙여 도피처를 만들어 둠으로써 배려하는 마음을 갖고 있다는 자기 이미지에 손상을 주지 않고도 상대를 비난할 수 있는 것이다. 아이러니하다고 말한 이유는 이 같은 변명을 덧붙임으로써 오히려 더 말을 쉽게 꺼낼 수 있기 때문이다.

연출된 위악

껄끄러운 말을 한다는 사실을 알고 있다 해도, 그런 말은 다른 사람에게 상처를 줄 수 있다. 때문에 '말하기 껄끄럽다는 것을 알고 있다'는 태도에는 의식하지 않더라도 트릭이 감춰져 있다.

말하는 사람은 껄끄러운 내용을 단지 무심코 말하는 것이 아니다. 자신도 그런 사실을 알고 있지만 굳이 말한다는 태도를 취함으로써 자신의 죄를 경감시키려는 트릭을 쓰는 것이다. 여기에는 '상대방에 비해 자신이 더 멋지다'는 착각을 불러오는 효과도 있다. 따라서 '알고 있지만 굳이 말하는 것이다'라는 태도 속에는 '나는 알고 있기 때문에 잘 알지 못하는 바보보다 멋지다'라는 오만함이 감춰져 있다.

이렇게 허세를 부리기 위해 규칙이나 도덕에 대해 삐딱한 태도를 취하는 것이다. 그러면서 '나는 껄끄러운 말이라는 것을 알고 있지만 굳이 말해 주겠다. 나쁜 사람을 자처하고 있는 것이다'라는 태도를 취할 수 있다.

이는 위선보다 나쁜 '준비된 악'이다. 다른 말로 표현하면 '위악(僞惡)'이라고 할 수 있다. 그런데 '선(善)'의 인기가 바닥을 치는 것과 대조적으로 '위악'의 인기는 날로 높아만 가고 있다.

특별함에 집착하다

이처럼 위악이 크게 유행하자, 더 이상 위선자는 '아무것도 모르는 당신들과 달리 나는 특별하다'는 인상을 주기 어려워졌다. 왜냐하면 모두가 위선자들이라서 특별한 차이가 없기 때문이다. 달리 말하면 1억 명이 서로에게 '난 달라'라는 메시지를 보내려고 했기 때문에 멋있다기보다는 우스꽝스러운 상황이 되고 만 것이다.

이에 충격을 받은 몇몇 사람은 과감히 위선에서 손을 털고 솔직한 삶의 방식을 택할지도 모른다. 하지만 이런 상황을 알게 됨으로써 더욱 악을 강화할 수도 있다. 즉 '어떻게 해서든 당신들과 나는 달라야 해'라는 것에 집착하고 강화하는 방향으로 나아가는 사람도 있을 것이다. 이런 필사적인 몸부림은 '나의 특별함을 인정해 줘. 나쁜 것이라도 좋으니 어쨌든 인정해 줘'라며 악을 자행하면서도 자신은 특별하고 진귀한 일을 한다고 느끼게 해 준다.

'착한 거짓말'의 근사함

'애초부터 가식적인 허세를 부릴 필요가 있는가?'라는 질문은 일단 제쳐 두기로 하자. '위악의 스타일로는 더 이상 허세를 부릴 수 없다'는 것이 명백해졌기 때문이다. 허세를 부린다는 것은 반드시 다른 사람과 다르다는 전제가 필요하다. 그런데 위악의 스타일로는 명백한 차이를 만들어내기가 쉽지 않다.

현재의 이런 위악이 만연하는 환경에서 희소가치가 있는 것이 있다. 바로 가깝고 소중한 사람에게 다정하게 배려하는 착한 마음을 강화하는 노력이다. 처음에는 부끄럽거나 쑥스러운 감도 있겠지만, 이런 노력이야말로 정말로 근사하고 멋지다.

석가도 『법구경(法句經) 163번』에서 "착하지 않은 것, 자신의 결점이 되는 일은 행하기 쉽다. 그러나 다른 사람을 위하는 것, 실로 착한 일을 이루기는 어렵다"고 했다.

일상에서 욕망과 분노의 농도를 옅게 하고, 착한 마음으로 다른 사람에게 상냥하고 친절하게 대하려 노력하는 사람은 많지 않다. 제1장에서 살펴봤듯이 다른 사람에게 "도덕적으로 행동하라"거나 "배려가 중요하다"고 설교하는 사람조차도 마음속에 확고한 생각을 갖고 있지 않으면 선행을 실천하지 못한다. 도덕을 다른 사람에게 떠넘기고 싶어 하거나, '다른 사람이 먼저 상냥해지면 좋을 텐데'라고 생각하는 사람은 많다. 그러나 자신이 먼저 상냥하고 친절해지려고 하는 사람은 많지 않다.

아무도 가려 하지 않는 길에 먼저 발을 내밀고 마음을 바꾸려고 노력하라. 그러면 오히려 더 멋지고 근사해 보일 것이다. 우리의 마음은 불완전하다. 때문에 아무리 노력해도 처음에는 위선적으로 보일 수밖에 없다. 그렇다 해도 우리는 '선'을 선택할 수 있다. 그러면 위선에 포함되어 있는 작은 순수한 선이 마음에 새겨지고 작용함으로써 마음이 좋은 방향으로 재편성된다. 일부러 선택한 위선에 지나지 않을지라도 아주 작은 선이 포함된 이상, 결과적으로 선을 행한 것처럼 마음이 재편성되는 효과를 얻을 수 있다.

반대로 앞서 언급한 위악은 아무리 잘 포장하고 활용해도 마음을 억압한다. 그래서 마음을 이상한 방향으로 흘러가게 한다. 결과적으로 악과 다를 바 없다. 엄밀히 말해 위악은 오만함까지 더해져 단순한 악보다 한층 마음을 경직시키고, 응보로써 부정적인 결과를 초래한다.

위악은 멋지게 허세를 부리고 싶지만 폼도 잡지 못한 채 마음만 삭막하게 만든다. 마음이 삭막해지면 몸에 불쾌 물질이 생성되어 신체 여기저기서 부조화를 일으킨다. 이처럼 위악은 스트레스로 가득한 삶을 초래하며 단 하나의 이득도 없다. 결코 위악의 덫에 빠지지 않도록 해야 한다.

나쁜 척과 착한 척,
무엇이 더 나은가

의례적인 인사말은 무의미한 것인가

이제 막연하지만 악보다는 위선이 훨씬 낫다는 것을 알게 되었을 것이다. 지금부터는 보다 구체적으로 살펴보려고 한다.

인간관계는 가까워질수록 상대방에게 무례해지기 쉽고 정중한 배려나 상냥함이 줄어든다. 여기 '공기처럼 익숙해진 두 사람의 관계'를 가정해 보자.

아주 친한 사이가 되면 '이럴 때는 이런 말을 한다'와 같은 정형화된 문구가 점점 패턴화된다. 패턴이 반복되면 머지않아 그 문구는 진부해진다. 그 결과 정형화된 말을 하는 사람은 '이런 말에 무슨 의미가 있겠어?'라는 의문을 갖는다.

일에 지쳐 있는 사람에게 매번 "수고했어. 힘들었지?"라고 말한다고 해 보자. 처음에는 진심이 담겨 있을지 몰라도 잦아지면서 단지 말만이 건네지는 상황이 될 것이다. 어느 순간 이를 깨닫게 되면 '이렇게 마음에도 없는 말을 계속하는 것은 무의미하다'는 생각이 들 것이다. 또는 '이런 말을 자주 하는 것은 왠지 가식적인 것 같아 부끄럽다'고 생각되어, 더 이상 그런 말을 하지 않게 될 수도 있다. 이때 작용하는 마음의 움직임을 쫓아가 보자.

좋은 이미지를 지키려는 자존심

'마음에도 없는 말을 하다니 가식적이고 수치스럽다'는 사고에서 '가식적이다'라는 것은 반발심이다. 즉 이 반발심은 '위선은 싫다. 위선은 나쁘다'는 생각 때문에 생긴다. '부끄럽다'는 선에 대해 삐딱한 관점을 보이거나, 자기 이미지에 집착하는 감정이다. 이것도 작은 위악이다.

위선에 대한 반발심과 자기 이미지에 집착하려는 자존심 때문에 소중한 사람을 배려하지 않게 된다. 그렇다면 이런 정형화된 배려의 말을 하지 않는 것이 서로에게 좋은지 나쁜지 살펴보자.

반발심이나 자존심에 휩쓸리면 마음은 경직되고 피곤해진다. 반대로 일에 지쳐 있거나 병으로 누워 있는 사람은 상냥한 말이나 배려의 행동을 기대한다. 하지만 이를 얻지 못하면 마음이 고통스럽고 외로워진다.

가까운 사람에 대해 '이건 위선적이니까 그만둘래'라든지 '부끄러워서 관둘래'라는 생각을 하기 시작하면 어떻게 될까? 단순히 말을 건네는 것뿐만 아니라, 실제로 환자를 간병하거나 돕는 것조차 부끄럽게 생각되어 행동으로 옮기지 못할 것이다.

한번 생각해 보자. 연인들이 사귄 지 얼마 되지 않을 때는 서로를 배려하고 기분 좋게 해 주려고 다정한 말을 건넨다. 하지만 점점 익숙해지거나 결혼이라도 하게 되면 모든 것을 당연하게 여긴다. 그래서 상대방을 배려해 주는 말과 착한 행동 등을 주저하게 된다.

이런 행동을 계속하면 마음은 구속을 받아 삭막하고 무미건조해진다. 또한 자신뿐 아니라 상대방의 마음도 삭막하게 만들고, 이에 대한 응보가 자신에게 되돌아온다. 위선에 대해 혐오감을 갖거나 자기 이미지에 집착하는 것은 자신에게 아무런 도움이 되지 않는다. 게다가 이런 쓸모없는 감정은 서로의 관계까지 파괴한다.

처음에는 위선으로 시작해도 좋다

위선이든 무엇이든 혐오감이나 수치심을 깨뜨릴 수 있다면 이야기는 다르게 전개될 것이다. 마음속에 반발심이나 수치심이 떠오르면 이를 놓치지 말고 통제해야 한다. 만약 마음속에서 상냥한 말이나 행동을 하고 싶지 않으면 어떻게 해야 할까? 그렇다 하더라도, 즉 위선자가 되는 한이 있더라도 상대방에게 일단 상냥한 말을 건네야 한다.

첫걸음을 내디디면 위선 속에 포함된 상대방을 순수하게 배려하는 약간의 성분이 마음속에서 활성화된다. 이런 작용 때문에 마음이 평온해지고 안정감이 느껴진다. 그리고 이를 계속 되풀이하면 마음은 깊은 행복감을 느끼게 된다. 위선이라도 조금은 마음을 좋은 방향으로 인도해 준다는 것을 실감하게 될 것이다.

혐오감이나 수치심을 뛰어넘어 다정해지면 상대방도 기뻐할 것이다. 물론 부끄러움을 이겨내고 다정하게 말하거나 행동하는 데는 정신적인 에너지가 필요하다. '위선적이기 때문에 싫다'든가 '부끄러워서 못하겠다'고 생각하면 감정의 벽이 만들어져 소극적으로 변한다. 그래서 장벽을 뛰어넘기 위한 에너지가 필요하다. 이것은 욕망이나 분노와는 다른, 상대방을 소중히 여기는 배려의 에너지다.

위선적일지라도 감정의 벽을 뛰어넘게 하는 자비의 에너지를 활성화하면 어떻게 될까? 상대방보다 자신의 마음이 먼저 평온해지는 좋은 응보를 돌려받게 된다. 이런 분위기는 상대방에게도 전해져 상대방도 평온한 안정감을 느끼게 된다. 위선일지라도 그에 담긴 '선'에는 반드시 다른 사람을 행복하게 해 주는 성분이 포함되어 있다. 이를 기억해야 한다.

허세를 부리기 위해 위악을 선택하는 것은 백해무익하다. 이와 마찬가지로 부끄럽다고 해서 보이는 것에 지나치게 신경 쓰다가 '선'에서 멀어지면 더 큰 손해를 입는다.

선을 자각할 수 있는 마음 훈련법

가장 중요한 것은 '위선'의 행동이나 말을 단 한 번으로 끝내서는 안 된다는 점이다. 다른 사람을 위해 억지로 한 위선적인 행위가 20%의 '선(善)'과 80%의 '위(僞)'로 이뤄졌다고 가정해 보자. 이때 막연하고 어설픈 태도로 위선을 했다면, 단지 20%만이 선의 카르마로 쌓이게 될 것이다.

하지만 20%의 선을 자각적으로 몸과 마음에서 수용하면 어떻게 될까? '아, 이렇게 기분이 좋은 것이구나. 이런 거라면 앞으로도 자주 해야겠다'는 깨달음이 생길 것이다. 또한 이 깨달음은 지식이 아닌 마음으로 체득되어 정착될 것이다. 그러면 다음에 유사한 상황을 맞이해 위선을 할 때 선의 비율이 25%나 30%로 자연스럽게 높아진다. 이때도 역시 몸과 마음이 어떻게 반응하는지 자각해서 느껴 보라. 아마도 선의 비율이 높아진 만큼 기분도 더 좋아진다는 것을 알게 될 것이다. 결국 지혜의 통찰력이 더 깊어지고, 자신은 더 좋은 방향으로 변해 갈 것이다.

그렇다면 인간이라는 동물이 선을 좋아하지 않고, 불선에 빠지기 쉬운 근본적인 원인은 무엇일까? 그 이유는 어떤 행동을 했을 때 몸과 마음이 무슨 반응을 하는지 전혀 알려고 하지 않기 때문이다. 즉 불선 행위를 했을 때 편한지 괴로운지를 알려고 하지 않고, 너무 둔감한 상태로 있기 때문에 자각하지 못하는 것이다.

마음이 긴장으로 인해 안정되지 못하고 불안정한 상태에 빠지면 신체는 여러 가지 화학물질을 분비해낸다. 즉 여러 가지 불쾌 물질이 생성되어 몸과 마음에 나쁜 영향을 미치는데, 우리는 이를 충분히 자각하지 못한다. 때문에 다른 사람을 부정하거나, 공격하거나, 화를 내거나, 질투하거나, 원망하는 것이다.

그렇다면 이런 부정적인 행위나 감정을 만들어낼 때 실제로 마음은 부조화로 인해 얼마나 흐트러지고, 신체의 혈류는 또 어떻게 흐트러질까? 목과 가슴은 조여들어 숨쉬기가 힘들어지고, 위산이 분비되어 배가 더부룩해지고, 명치에는 울화가 생겨 고통스럽고, 머리는 스트레스로 인해 두통이 생길 것이다.

그런데 이런 신체 반응을 있는 그대로 느낀다면 고통스럽기 때문에 불선 행위를 멈추게 된다. '누군가를 위해'서가 아니라 '자기 자신을 위해' 중단하는 것이다. 이렇게 신체의 상태를 자각할 수 있으려면 어떻게 해야 할까? 예민한 감각이 있어야 한다. 그런 점에서 다음 경문을 읽어보면 신선한 깨달음을 얻게 될 것이다.

항상 신체의 매 순간 상태에 의식의 감각을 고정한 채,

해서는 안 될 일과 해야 할 일을 자각적으로 구별하면서 신체의 상태를 잘 파악하는 사람에게서는 수많은 더러움이 떨어져 나간다. 『법구경 293번』

불가의 좌선은 다양한 형태의 훈련으로 이뤄진다. 그중에서도 특히 현재의 신체 상태나 호흡과 마음이 어떤지에 대해 감각의 센서를 철저하고 예민하게 연마해서 실감하는 능력을 기르는 훈련을 해야 한다.

좌선을 실천하면 심신의 감각이 연마되어 무엇이 좋고 나쁜지를 마음으로 알 수 있게 된다. 그 결과 위선에 대한 혐오감과 같은 감정의 농도가 엷어진다. 또한 상대방에게 상냥해지는 데도 좌선은 매우 유익하다. 권태기의 부부조차도 함께 좌선을 하면 관계가 새로워지고 개선된다.

제3장

나쁜 마음에서
자유로워지는 법

선과 악,
위선과 위악의 실체

착한 사람은 정말로 손해를 볼까?

'위선'을 선택했을 때 마음에 미치는 영향은 '선'을 선택했을 때와 유사하다. 반면 아무리 허세를 부려도 '위악'을 선택할 때 미치는 영향은 단순히 '악'으로 끝나지 않는다.

이번 장에서는 '선(善), 악(惡), 위선(僞善), 위악(僞惡)'이 무엇이고, 어떻게 다뤄야 행복해질 수 있는지 알아보기로 하겠다. 가장 먼저 살펴볼 것은 '착한 사람은 손해를 본다'는 전형적인 오해다. 사람들은 마음 한구석에 이런 생각을 갖고 있다. 그래서 착한 행동을 피하려는 생각이 따리를 틀고 있다. 한편 '나는 하기 싫지만 다른 사람은 착한 행동을 해서 나와 사회에 도움을 주면 좋겠어'라는 욕망을 갖고 있다. 달리 말해 '내가 착한 사람이 되어 손해 보기는 싫어. 다른 사람이 나를 위해 손해 보길 원해'라는 음흉한 생각을 품고 있는 것이다.

예를 들어 '나에게 대가를 바라지 말고 베풀어 줘요'라고 요구한다고 치자. 이는 '당신의 마음은 욕망으로 가득 차 있으니 나빠. 더 착하고 도덕적인 마음을 가져 봐. 그렇지 않으면 손해를 볼 거야'라고 윽박지르는 것과 같다. 이것이 제1장에서 살펴본 '도덕의 왜곡'에 관한 문제이다.

그렇다면 정말로 착한 사람은 손해를 볼까? 애당초 착한 사람은 도대체 어떤 사람을 가리키는 것일까?

착한 사람의 두 얼굴

제2장에서 '위선자란 어떤 사람을 말하는가?'를 살펴보았다. 여기서는 위선자의 특징을 단서로 해서 선한 사람, 즉 착한 사람은 어떤 사람을 의미하는지 살펴보기로 하

겠다.

결론부터 말하면, 진정한 의미에서 착한 사람의 이미지는 "스즈키는 좋은 사람이야"라는 말처럼 '특징이 없고 평범한 사람'을 칭하는 것과는 다르다.

사람은 어떤 행동을 취하기 전에 반드시 마음속으로 결정을 내린다. 그리고 다른 사람에게 무언가를 해 줄 때, '대가를 원하는 욕망'이나 '잠재적인 반발'이라는 불순한 동기를 갖는다. 하지만 불순한 마음이 섞이는 비율은 다르다. 같은 사람도 각각의 행동에 따라 매번 그 비율이 달라진다.

상대방에게 "감기는 좀 어때요?"라고 말을 건넬 경우를 생각해 보자. '이렇게 중요할 때 감기에 걸리다니 짜증나. 하지만 감기에 걸린 것을 책망하면 화를 내겠지. 난 나쁜 사람이 되고 싶지도 않고, 간병하는 것도 귀찮아. 하지만 말을 건네는 것쯤은 공짜니까 배려하는 척하자.' 이는 욕망과 분노로 가득 찬 순도 95%의 위선이라고 할 수 있다.

한편 '진심으로 걱정되지만 간병까지 해 줄 생각은 없으니 일단 말이라도 건네야지'와 같은 경우는 위선도가 50%라고 할 수 있다.

그리고 간병까지 할 생각으로 배려해 주는 말을 건넬 수도 있다. 이런 경우 마음 한구석에서는 '나는 아픈 사람을 간병해 주기 때문에 정말로 좋은 사람이야'라는 자기 이미지를 갖게 된다. 따라서 상대방이 고마움을 표시하지 않으면 문제가 된다. '힘들게 간병까지 해 줬는데 고마워하지도 않다니'라며 마음속에서 분노의 번뇌가 소용돌이칠 것이다. 이렇듯 아무리 착한 일을 해도 위선도가 어느 정도는 반드시 포함된다.

상냥한 말은 부정적인 마음을 중화한다

앞에서 말했듯이 위선도가 90%나 되는 위선자는 '이렇게 중요할 때 감기에 걸리다니'라며 속으로 분개한다. 이럴 경우 머릿속에서 흥분과 불쾌 물질이 분비되어 전신으로 불쾌감이 퍼진다. 또한 더럽혀진 마음이 잠재의식에 새겨져 불쾌한 상태에 빠지기 쉬운 회로를 강화시킨다. 그뿐만 아니라 가식적인 마음으로 속이려 했기 때문에 마음도 불편해진다. 귀찮은 일을 피하려다 오히려 더 손해를 보는 것이다.

그런데 위선도가 50%로 줄어들면 위선의 '위'와 '선'의 부분이 각각 50%로 서로 균형을 이룬다. '간병은 귀찮아'라는 부정적인 생각은 마음을 불편하게 만든다. 하지만 다른 한편으로는 상대방에 대한 상냥한 마음과 배려심이 있는 것도 사실이다. 그 마음은 비록 행동으로 이어져 상대방을 도와주지 못해도 듣는 사람의 마음을 포근하게 해 준다. 상냥함과 평온함을 담아서 말하면, 마음도 편해지고 몸에도 좋은 영향을 준다. 이렇게 위선의 '위'를 중화시킨다.

이야기를 정리해 보자. 아무리 '위선'이라 해도 '위'의 비율을 줄이면 자신과 상대방에게 좋은 영향을 주는 관계가 만들어진다. 먼저 자신과 상대방에게 얼마나 손해가 될지를 생각해 보라. 위선도가 줄어들면 줄어들수록 심리적 손실 또한 줄어 마음이 편해지고 더 좋은 관계를 맺을 수 있다.

선한 마음에 더 집중하라

이상으로 위선의 비율을 대강 살펴보았다. 이제 '착한 사람이 어떤 사람인지' 어렴풋이 짐작할 수 있을 것이다. 가장 엄격하게 말하면 위선의 '위'의 비율이 거의 엷어진 사람을 '착한 사람'이라고 할 수 있다.

불가에서는 마음속에 있는 욕망과 반발의 에너지를 전혀 사용하지 않고 말과 행동을 할 수 있는 사람을 착한 사람이라고 한다. 그렇다면 그 언저리에 있는 스즈키는 착한 사람이 될 수 없을 것이다. 스즈키는 '위선자'인 것이다.

현실적으로 생각하면 세상에서 욕망과 반발의 에너지가 완전히 제로인 상태는 있을 수 없다. 그러나 위선이 50% 미만인 경우, '위'보다 '선'이 두드러지기 때문에 일반적으로 '선'으로 받아들일 수 있다. 반대로 위선도가 50%

이상일 경우, 사람들은 위선의 '위' 부분에 정신을 빼앗기기 쉽다. 때문에 그것을 악이나 가식이라고 비난한다.

좀 더 깊이 들여다보자. 마음속 깊은 곳에서 '반발의 카르마'라는 이름의 화약을 대량으로 갖고 있는 사람이 있다. 이 사람은 아무리 미세한 불씨도 포착해서 온몸에 분노의 불을 지른다. 예를 들어 위선도가 10%뿐인 순도 높은 배려의 말을 들었다고 하자. 그런데도 자신의 의지와 상관없이 90%의 선이 아닌 10%의 불선에 반사적으로 반응한다. '고작 간병 좀 해 준 걸 갖고 고마워하길 바라다니 위선자야'라고 분개하면서 불행한 길을 택한다.

따라서 위선의 비율이 절반 이하라고 해서 누구나 그것을 선으로 착각해서 받아들이는 것은 아니다. 반대의 경우도 마찬가지다. 위선도가 80%인 가식적인 배려를 받았다고 하자. 그렇다 해도 마음속에 화약을 모아 놓고 있지 않으면 20%의 선에 집중하는 여유가 생긴다. 그런 사람은 평온한 마음으로 고마움과 행복감을 느낄 수 있다.

하지만 마음이 평온하다고 해서 상대방의 가식에 속는

걸 좋아하는 것은 결코 아니다. 상대의 마음에 포함된 거짓을 관통해서 보고, 그 행동에 포함된 20%의 선에 대해 기쁨을 느끼는 것이다.

착한 사람은 허수아비다

어떤 사람을 착하다거나, 위선자라고 느끼는 것에는 두 가지 결정적인 요인이 있다.

① 그 행위에 포함된 불선한 마음의 비율
② 그것을 받아들이는 사람의 마음에 축적된 화약의 양

①의 비율이 원재료로 들어오면 ②의 첨가물이 더해져 머릿속에서 가공된다. 사람들은 그 결과물을 제멋대로 선이라고 칭찬하거나 위선이라고 비난한다.

속세에서의 '착한 사람'은 단지 제멋대로 그렇게 불리고 있을 뿐이다. 유감스러운 일이지만 속세에는 불선한 마음을 더 많이 갖고 있는 위선자가 훨씬 많다.

바보처럼 착하기만 한 사람은 없다

'착한 사람은 손해를 본다'는 말 속에서 '착한 사람'은 실제로 '위선자'라는 것을 알게 되었을 것이다. 그렇다면 그는 어떤 유형의 위선자일까?

'손해를 본다'는 말에서 알 수 있듯이, 대부분은 머리가 나쁜 바보나 어수룩한 사람을 떠올린다. 부탁을 거절하지 못하고 돈을 빌려 줬다가 돌려받지 못하는 사람, 이상한 계약서에 서명했다가 거액의 빚을 떠안고 원망도 못하는 사람 등의 이미지다.

여기서 의문이 하나 생긴다. 과연 그런 사람들은 역사상 언제, 어디쯤에 존재했던 것일까? 적어도 내 인생에서는 그런 종류의 '심성 좋은' 사람을 단 한 번도 만나 본 적이 없다. 그 4분의 1만큼이라도 좋은 사람 역시 보지 못했다. 그런 착한 사람은 실제로 존재하지 않는 가공의 모델에 지나지 않기 때문이다. 하지만 마음속에 있는 욕망과 분노라는 잡념을 쫓아내면, 그러한 불선한 것들이 떠돌지 않고 안정된다. 그만큼 머리는 명석해지고 정확한

판단력도 비약적으로 향상된다.

진정한 의미에서 착한 사람이란 그저 심성이 좋은 바보를 말하는 것이 아니다. '어떤 일에도 흔들리지 않는 인격을 가진 사람, 매 순간 냉정하게 대처할 수 있는 사람'이라고 할 수 있다. '바보처럼 착하기만 한 사람'은 결코 존재하지 않는다.

마음에서 불선한 잡념이 제거된 사람은 사물을 관통해 보는 통찰력을 갖고 있다. 그런 사람은 주위에 좋은 분위기를 퍼뜨리고, 사람들은 이를 즉시 알아본다. 때문에 품격과 지혜를 갖춘 사람을 속이려 들거나 자기 편할 대로 이용하려는 비뚤어진 생각은 애초부터 품지 않게 된다.

짜고 치는 고스톱

청소 시간에 반 친구들로부터 억지로 교실 청소를 떠맡은 아이가 있다. 결국 그 아이는 친구들의 부탁을 거절하지 못하고, 하교 후에 혼자 우울한 기분으로 청소를 한다. 손해를 보는 착한 사람의 이미지로 쉽게 떠올릴 수 있는 모습이다.

하지만 생각해 보면 이 아이는 결코 착한 사람이 아니다. 단지 용기가 없고 다른 사람의 부탁을 거절하지 못했을 뿐이다. 그러나 마음속에서는 기묘한 트릭이 실행된다. 싫은 일조차도 거절하지 못하는 겁쟁이라고 생각하자니, 자기 이미지와 자존심에 상처가 된다. 자신을 겁쟁이라고 생각하지 않기 위해서는 '나는 좋은 사람이야. 그래서 부탁을 거절하지 않았어'라고 자기 이미지를 조작하는 것이다.

그렇다면 이 불행한 아이에게 억지로 청소를 떠맡기고 돌아간 반 친구들의 입장은 어떨까? '하기 싫어하는 아이에게 억지로 청소를 떠맡겼어. 나는 나쁜 아이야'라는 부정적인 자기 이미지를 갖고 싶지는 않을 것이다. 그렇기 때문에 'ㅇㅇ는 좋은 사람이니까 부탁을 흔쾌히 들어줄 거야'라는 조작된 이미지를 만들어내서 안심하는 것이다.

사실은 용기가 없고 불쌍한 아이에 지나지 않는다. 하지만 '그 아이를 착한 사람으로 만들자'는 공감대가 형성되어, 자신뿐 아니라 주위 사람들이 만장일치로 이미지를 조작하는 해괴한 구도가 성립되는 것이다.

현실에는 손해를 보는 착한 사람은 존재하지 않는다. 당사자나 주위 사람들이 머리에서 제멋대로 조작해낸 이미지에 불과할 따름이다. 그런데도 '착한 사람은 손해를 본다'고 생각하면 어떻게 될까? '심성이 좋은 사람은 이용만 당할 뿐이야. 착한 사람이 될 필요가 있겠어?'라는 논리가 쉽게 성립된다. 진짜 착한 사람에 대해서는 부정하기가 어렵다. 때문에 어디에도 존재하지 않는 가공의 바보를 끌어와 그를 착한 사람으로 간주하고 떠받든다. 이렇게 해서 진짜 착한 사람을 부정할 수 있다고 생각하는 것이다.

실제로 손해를 보는 사람은 '공상 속의 바보'다. 따라서 '착한 사람이 손해를 본다'는 것은 진실이 아니다. 대부분의 사람들은 욕망과 분노를 벗어난 상쾌하고 명석한 상태를 느껴 보지 못한다. 그렇기 때문에 공상 속에서 '욕망과 분노를 느끼지 않으면 불쾌한 일을 겪게 된다'고 제멋대로 생각하며 진실을 간과한다.

만약 상쾌하고 명석한 상태의 장점을 알면, 착한 사람이 되기 위해 노력하려는 마음이 싹틀 것이다. 그러나 사람들은 감정을 통제하고 한 걸음씩 좋은 방향으로 나아가는 견실한 노력을 싫어한다. 때문에 '착한 사람은 손해를 본다'는 주문을 신앙처럼 마음에 새겨 넣는다. 그런 다음 "마음속에 욕망과 분노를 가득 담아 두는 것이 좋다"고 얼버무리면서 합리화한다.

결국 자신을 합리화하기 위해 진짜 착한 사람을 '어리석은 가공의 허수아비'로 바꿔치기해서 공격하는 것이다. 진짜 착한 사람을 비판하기는 어렵지만 가공의 허수아비라면 마음껏 비판할 수 있다. 그뿐만 아니라 비판하는 쪽이 반드시 이기는 승부이기도 하다. 처음부터 승패가 정해진 짜고 치는 고스톱과 같은 것이다. 이런 비겁한 자기합리화는 불선으로 이끌고 마음을 불편하게 만든다. 잠재의식에 욕망에 대한 불만과 분노의 화약이라는 업을 쌓는 것이다. 이는 자신을 해치는 백해무익한 일이다.

이처럼 불선이나 부도덕 또는 악의 방향으로 나아가면 심신이 해로울 뿐 아니라 인간관계를 파괴한다. 그리고 나쁜 응보로 되돌려 받는다.

그런데도 사람들은 욕망과 분노를 버리지 못한다. 왜 그런 것일까? 아이러니하게도 행복해지고 싶은 욕망 때문이다. 누구나 이처럼 단순한 이유에서 욕망과 분노에 휩쓸린다. 이 때문에 불선한 마음이 되면 심신에 손상을 입혀 즉시 불행하다는 느낌을 받게 된다. 또한 잠재의식에 강력한 카르마가 쌓여 장기적으로는 여러 가지 불행을 초래한다.

카르마가 미치는 단기적인 영향과 장기적인 영향에 대해서는 나중에 다시 설명하겠다. 여기서는 행복해지려고 만든 불선한 마음이 불행을 불러들이는 원인이라는 것을 마음에 새겨 두기만 해도 충분하다.

마음을 흐트러뜨리는 세 가지 에너지

불선한 마음은 곧 악이다. 앞에서 살펴본 것처럼 불선한 마음은 결과적으로 애초의 목적과 맞지 않기 때문에 어리석다고 할 수 있다.

불가에서 악이란 '죄' 또는 '범죄'를 의미하는 것이 아니라 단순히 '서투르다'라는 의미를 갖고 있다. 가장 오래된 경전에 나와 있는 악을 의미하는 말은 고대 인도어로 '파아파'다. 원래 의미는 '몹시 서툴다'는 뜻이다. '목적에 맞지 않는 행동이나 말을 무심코 하는 것은 서툴고 어리석다'는 의미를 담고 있다.

반대로 선은 같은 고대 인도어로 '크사라'라고 한다. 이는 원래 '능숙하다'는 뜻이다. '행복이라는 목적을 이루기 위해서는 욕망과 분노라는 잡념을 줄이고, 착한 마음을 갖는 것이 능숙한 방식'이라는 의미다.

따라서 불가에서 말하는 선과 악은 과장되거나 까다롭고 철학적인 이야기가 아니다. 단순히 능숙한지 서투른지를 말할 뿐이다.

우리의 마음을 알맹이가 흐트러진 불선한 상태로 이끄는 에너지는 세 가지 종류밖에 없다.

① 무언가를 끌어당기고 발버둥치는 욕망의 인력
② 무언가에 대해 짜증을 내고 밀어내려는 분노의 반발력
③ 사물의 도리를 분별하지 못하고 머릿속 스토리를 따르며 방황하는 어리석은 회전력

이 세 가지의 근본적인 번뇌로 인해 그 밖의 다양한 번뇌들이 생겨난다. 모든 번뇌의 원인을 따지면 무언가를 끌어들이려고 하거나, 밀어내려고 하거나, 머릿속에서 빙글빙글 맴도는 세 가지의 힘밖에 없다.

이런 힘들은 마음의 표면을 누르거나, 당기거나, 회전시켜서 마음에 평지풍파를 일으킨다. 그러면 마음속에는 잡념이 생긴다. 잡념이 생기면 일에 대한 집중력이 떨어지고 조리 있게 대화를 이어 가지 못한다. 잡념은 맛있는

음식을 먹어도 맛을 음미할 수 없게 만든다.

부처가 말한 선이란 생각할 때, 말할 때, 신체적 행위를 할 때 마음을 조잡하게 만드는 세 가지의 에너지가 작용하지 않도록 매우 깔끔한 상태를 유지하는 것이다.

도덕적인 것을 'A를 하는 것' 'B를 하는 것' 'C를 하는 것' 'D를 하는 것' 등으로 일일이 나열하면 어떻게 될까? 아마도 그것을 기억하려 하기만 해도 머리가 아플 것이다. 게다가 그 목록에 오른 것들은 옳은지 그른지도 판단하기 어렵다.

하지만 마음속에서 끌어당기는 욕망과 밀어내는 분노와 빙글빙글 맴도는 어리석음, 이 세 가지가 없도록 행동하는 것이 도덕이라면 이것만 기억하면 된다. 이 세 가지의 에너지가 해롭다는 것은 불교 신자가 아니어도 알 수 있는 매우 보편적인 것들이다. 선악을 모든 사람에게 해당되는 보편적인 법칙으로 하려면 이렇게 쉬운 방법으로 정의하는 것이 좋다.

도덕을 제대로 사용하는 법

선을 이런 식으로 정의하면 도덕은 결코 제1장에서처럼 왜곡된 성격을 띨 수 없다. 다른 사람에게 도덕을 밀어붙이거나, 도덕에 편승하거나, 개인의 의견에 보증을 서는 행위는 도덕이 아니다. 그런 모든 일은 욕망과 분노의 에너지를 사용하기 때문에 도덕이 아니라 나쁜 행위일 뿐이다. 바꿔 말해 욕망과 분노와 어리석음(방황)을 억제하기 위해 도덕적으로 노력하는 사람은 다른 이에게 도덕을 떠넘기는 행동을 하지 않는다. 즉 욕망과 분노로 가득 찬 행동을 하지 않는다.

이처럼 도덕을 다루는 세상의 사용법과 불가의 사용법은 180도 다르다. 제1장에서 살펴본 것처럼 세상에는 대부분 다음과 같은 경우에 도덕이 등장한다. '당신은 도덕적으로 살아야 한다' '현대사회는 혼란스럽기 때문에 도덕 교육을 강화해야 한다'처럼 다른 사람을 억지로 도덕적으로 만들려고 할 때 사용한다. '착한 사람은 손해를 본다'는 말을 무의식적으로 믿기 때문이다. 그래서 '난 죽어도 착한 사람이 되고 싶지 않아. 당신이 먼저 착한 사람이 되어 손해를 보고 나는 이득을 얻고 싶어'라고 생각한다.

'다른 사람을 도덕적으로 만들어 자신이 이득을 얻고 싶다'는 마음 뒤에는 다른 사람을 부정하는 분노의 에너지가 감춰져 있다. 동시에 부당한 방식으로 이익을 얻으려는 욕망의 에너지가 작용한다. 하지만 이런 생각들은 가능한 한 빨리 버리는 것이 좋다. 다른 사람을 바꾸려고 해 봤자 헛수고이기 때문이다. 행복해지려면 자기 안에 쌓여 있는 더럽혀진 에너지를 줄여 나가야 한다. 이처럼 도덕은 자기 자신을 바꾸고 개량해 나가는 도구인 것이다.

> 악을 복용하면 더러워지고, 악을 복용하지 않으면 저절로 깨끗해진다. 깨끗한 것도 더러운 것도 자기 하기 나름이다. 그러나 다른 사람을 깨끗하게 할 수 있는 것은 아무것도 없다.『법구경 165번』

도덕이란 도구를 잘 다루면 잡념이 줄어든다. 또한 매 순간 해야 할 일에 날카롭게 의식을 집중할 수 있다. 일이나 대화 또는 식사나 놀이를 할 때도 쓸데없는 생각을 줄이고 몰두할 수 있다. 이렇게 되면 강력한 충실감을 맛볼 수 있고 일의 능률도 향상된다.

강요하지 않아야 진짜 '도덕'이다

이렇게 우리가 알고 있는 선과 악의 이미지를 조금씩 바로잡아 보았다. 이제껏 우리는 선과 악을 인명 구조나 도둑질 같은 행위 등을 가리키는 것으로 생각해 왔다. 그러나 지금까지의 이야기를 정리해 보면 마음속에 욕망과 분노와 방황이 있는 상태를 악, 그런 독소가 없을 때를 선이라고 할 수 있다. 따라서 일반적으로 악이라고 생각하지 않던 것들도 사실은 악인 것이다.

세속적인 '악'의 정의는 매우 불충분하다. 대기업의 경영자가 부정 행위를 했다는 뉴스를 듣고 화가 났는가? 그렇다면 이때 느끼는 분노의 에너지는 불선이다. 엄밀히 말하면 악이다. 일반적으로 TV를 보고 무엇을 느끼든 그것은 문제가 아니다. 하지만 분노의 에너지를 잠재의식에 새겨 두면 훗날까지 악영향을 미친다. 그리고 그런 감정을 스스로 만들어 냈다면 이는 서툴고 어리석은 일이다. 서투름도 악이다.

오해가 없도록 다시 한 번 말한다. 나쁜 짓을 해서는 안 된다는 것을 강조하려는 게 아니다. '나쁜 마음을 만들면 결국 응보를 받는다'는 마음의 법칙을 강조하고 싶을 뿐이다. 이를 일상에서 실행할 것인지 말 것인지는 어디까지나 개인의 자유다. 불가의 도덕에는 명령과 강요가 존재하지 않는다. 이것이 바로 다른 사람에게 강요하는 속세의 왜곡된 도덕과 결정적으로 다른 점이다.

욕망, 분노, 방황이 번뇌를 일으킨다

마음에 번뇌를 만들면 이는 반드시 마음에 부하가 걸려 스트레스를 유발한다. TV를 보다가 화를 낼 때도 분노의 에너지가 작용하여 스트레스를 더욱 증폭시킨다.

『법구경 375번』에도 나와 있듯이 "논밭은 잡초 때문에 피해를 입고, 세상 사람들은 분노 때문에 해를 입는다".

그렇다면 좀 더 알기 쉽게, 스트레스를 유발하는 번뇌들을 살펴보자. 강한 욕망이 생길 때 그것은 반드시 스트레스가 된다. 연봉 1억 원을 받고 싶어 하는 사람은 현재 그러지 못하기 때문에 이런 욕망을 갖는다. 이미 그만큼 받는 사람이 '연봉 1억 원을 받고 싶다'고 생각할 리가 없다. 이렇듯 지금 받기 어려운 연봉에 대한 욕망 때문에 자신도 모르는 사이에 극심한 스트레스를 받는다.

또 자신의 의견에 집착해 다른 사람을 설득하려 들거나 논리적으로 깨뜨리려고 하면 '견(見)'이라는 번뇌가 작용한다. 이것 역시 '자신의 의견'에 대한 욕망의 에너지다. 상대방을 말로 굴복시키려 하기 때문에 마음이 경직된다. 그래서 자신도 모르게 강한 스트레스를 받게 된다.

이와 마찬가지로 우리는 자랑할 때도 스트레스를 받는다. 자랑하는 순간은 즐겁다고 착각하기 쉽다. 하지만 실제로는 마음이 동요되어 강한 스트레스를 받는다. 이런

'자존심'의 번뇌 역시 자기 이미지에 집착하는 욕망의 에너지다. 사람은 누구나 자신의 뛰어남을 인정받고 싶어 안달하는 마음을 갖고 있다. 그렇다면 사람들은 왜 그렇게 남에게 인정받고 싶어 할까? 자기 자신에 대한 자부심이 없기 때문이다. 자랑하기를 좋아하는 사람일수록 더욱 그렇다.

다음은 욕망과 분노에 이어 3대 번뇌 중의 하나인 방황의 에너지에 대해 살펴보자. 누군가와 함께 식사하는 장면을 예로 들어 보자. 음식이 혀에 닿는 촉감이나 맛에 집중하지 못하고 '다 먹고 무슨 영화를 보지?' 혹은 '좀 전에 신발 벗는 방식이 바르지 않다고 핀잔을 주던데, 그렇게까지 할 건 없잖아'라며 맹렬한 속도로 잡념을 전개하면서 의식을 흐트러뜨린다. 이런 일은 방황의 카르마에 의한 에너지가 작용하기 때문에 일어난다.

방황의 카르마가 늘어나는 만큼 의식은 통제력을 잃어간다. 정작 영화를 보기 시작하면 이렇게 생각한다. '좀 전에는 모처럼 기대하던 스테이크 풀코스를 먹었는데, 영화를 생각하느라 맛을 제대로 못 느꼈군. 게다가 많이 먹어버렸어.' 이런 후회들로 또 의식을 흐트러뜨린다. 결국은 영화에도 집중하지 못한다.

이처럼 의식이 눈앞에 있는 현상을 충분히 음미할 수 없는 데는 원인이 있다. '지금 눈앞에 있는 것만으로는 만족할 수 없다'는 스트레스 때문이다. 눈앞에 있는 것에 대해 자신도 자각하지 못하는 미세한 스트레스를 계속 받는 것이다. 그 결과 의식은 과거의 걱정이나 미래의 망상으로 제멋대로 흩어져버린다. 스트레스에서 벗어나려고 의식을 과거나 미래에서 떠돌게 하면 '지금 이 순간'에 집중하지 못한다. 그러면 눈앞에 있는 현실에 충실할 수 없어 더 큰 스트레스를 받게 된다.

방황의 카르마는 지금 이 순간을 행복하게 보내지 못하게 하는 데 큰 위력을 발휘한다. 의식의 통제력, 즉 집중력까지 떨어뜨린다. 이처럼 방황의 에너지는 큰 스트레스가 될 뿐 아니라 집중력을 떨어뜨리기 때문에 악으로 분류할 수 있다.

악의 종류를 일일이 열거하면 방대한 양이 되므로 이 정도에서 마무리하겠다. 중요한 것은 자신의 의견을 고집하는 것, 질투, 인색함, 후회, 방황 등과 같이 마음을 좁게 만들고 스트레스를 주는 것은 모두 악이라는 점이다.

이렇게 보면 일반적으로 생각하는 것보다 악의 세력 지도가 훨씬 더 넓다는 것을 알 수 있다. 스트레스를 말끔히 없애고 성공적으로 일하기 위해서는 주의 깊게 마음을 관찰하는 자각 능력을 길러야 한다. 그런 다음 악에 의한 스트레스를 하나씩 제거해 나가야 한다.

아주 사소한 잘못도 악이 된다

영화를 보고 지루하다고 생각했다면 나쁜 사람이다. 날씨가 무더워 불쾌함을 느꼈다면 나쁜 사람이다. 그림을 그릴 때 좋은 그림을 그려서 칭찬받고 싶다고 생각하면 나쁜 사람이다.

암에 걸려 절망하고 있다면 나쁜 사람이다. 식사 중에 맛을 음미하지 못하고 식후 디저트를 생각한다면 나쁜 사람이다. 데이트 도중에 '배고파' 같은 딴생각을 하며 상대방의 이야기에 건성으로 대꾸하면 나쁜 사람이다.

'설마, 말도 안 돼!'라는 생각이 드는가? '이런 사소한 것들이 악이라니. 이 사람 머리가 잘못된 거 아냐? 이런 책은 헌책방에서나 팔아!'라고 생각할지 모른다.

하지만 이런 사소한 것조차 악으로 간주하고 멀리해야 한다. 그래야 마음을 질 좋은 에너지로 채워 나갈 수 있다. 또한 믿을 수 없을 정도로 큰 이득을 볼 수 있다. 일반 상식과는 다를 수 있지만, 이런 사소한 부정적인 에너지를 축적하면 매우 큰 스트레스가 된다. 스트레스가 한계에 도달하면 어느 날 갑자기 일을 하다가 폭발할 수 있다. 또는 스트레스를 해소하려고 폭식을 하게 될 수도 있고, 가족들에게 화풀이를 할 수도 있다.

이를 예방하기 위해서는 가능한 범위 내에서 매일 사소한 악을 줄여 가야 한다. 내버려 두면 100가지 악을 저지를 사람도, 악을 줄여 나갈수록 잠재적인 스트레스가 없어진다. '악을 완전히 없애는 것은 불가능해'라며 지레

포기하지 마라. 습관적으로 저지르던 악을 5%나 10%만이라도 줄이려고 노력하라. 그러면 줄인 만큼 반드시 좋은 응보로 되돌려 받게 된다.

제2장에서는 위선의 농담(짙고 옅음)에 대해 살펴보았다. 이를 자신과 주위 사람들에게 바람직한 방향으로 바꾸려면 꾸준히 악의 비율을 줄여 가야 한다. 그렇게 함으로써 위선의 농담을 점차 옅게 만들어 나갈 수 있다.

물론 악 중에는 위선의 농담을 짙게 만들어 단번에 악의 방향으로 바꾸는 강력한 것도 많다. 예를 들어 다른 생명을 살상하는 것은 강렬한 분노의 에너지가 없으면 불가능하다. 이것은 악이다.

도둑질을 할 때는 욕망의 에너지가 활성화된다. 또한 훔친 다음에는 들키지 않을까 걱정하는 반발, 즉 분노의 에너지가 활성화되어 스트레스가 된다. 이것도 악이다.

거짓말 역시 탄로 날 것을 걱정하는 반발이 생겨 스트레스를 받는다. 그뿐만 아니라 거짓말을 짜 맞추려고 계속해서 거짓말을 하게 된다. 그러면 마음속에서는 거짓된 정보들이 서로 결합해서 서서히 마음의 통제력을 상실한다. 결국 방황의 에너지가 증폭된다는 결점까지 더해지기 때문에 이 역시 악이다.

이렇게 보면 악은 결코 나쁜 사람을 비난하기 위한 말이 아니다. 그보다는 '나쁜 짓을 하면 그만큼 손해다. 따라서 하지 않는 편이 득이다'라는 것을 알려 주는 것이다.

욕망에 대한
오해와 진실

악업은 스트레스의 원인이다

도덕과 일에 대한 의욕 사이에는 강한 인과관계가 있다. 이렇게 말하면 사람들은 이해하기 어렵다고 고개를 갸웃할지 모른다. 여기서는 이 인과관계에 대해 살펴보도록 하겠다.

대부분의 사람들은 어떤 일을 할 때, 경쟁심에 의한 분노와 욕망이 없으면 의욕이 솟지 않는다고 착각한다. 예를 들어 프레젠테이션을 해야 하는데 좋은 아이디어가 떠올랐다고 하자. 대부분의 사람들은 혼자 성과를 내서

라이벌 동료를 앞지르고 싶어 한다. 게다가 아이디어가 사전에 알려지면 라이벌에게 도둑맞거나, 혹은 다른 사람이 더 좋은 아이디어를 만들어낼지 모른다는 인색함의 번뇌까지 더해진다.

하지만 아이디어를 프레젠테이션하는 날까지 아무에게도 말하지 않으면 직장 내 팀워크는 무너진다. 또한 그 아이디어에 대해 적극적인 의견을 들어 볼 수도 없다. 이것들은 표면적인 현상에 지나지 않는다. 욕망과 인색의 부도덕한 번뇌는 그 순간 자신의 마음을 강렬하게 좀먹는다. '이 아이디어는 이 몸의 것이다'라는 허세가 고개를 내밀기 때문에 마음이 경직되고 스트레스를 받는다. 게다가 라이벌 동료에게 알리고 싶지 않다는 쩨쩨한 반발심까지 생긴다. 자각 여부와는 상관없이 잠재의식은 '너희들에겐 알려 주지 않을 거야'라는 강렬한 긴장과 스트레스를 받고 있는 것이다.

이처럼 불선한 마음을 늘려 나가는 것은 몸과 마음에 조금씩 스트레스를 쌓아 가는 것과 같다. 부도덕한 마음은 그것이 무엇이든 자신도 모르는 사이에 스트레스를 늘린다.

앞서 말했듯이 욕망과 분노의 나쁜 카르마에 의해 스트레스를 받으면 일에 대한 의욕이 사라진다. 또한 강한 욕망을 만들면 그 순간 마음은 동요하고 긴장하고 억압받는다. 하지만 때때로 사람들은 스트레스로 가득한 긴장감을, 행동을 개시하는 원동력인 양 착각한다. 이렇게 속세에서는 욕망과 의욕을 혼동하기 쉽다. 하지만 실제로는 전혀 다르다.

욕망은 의욕이 아니다

사람들은 무언가를 행동으로 옮기기 위해서 '의욕'이라는 이름의 정진(精進) 에너지가 필요하다는 것을 모른다. 의욕의 에너지란 욕망과 분노가 없는 상태에서 무언가에 집중하고 몰두했을 때 얻어진다. 즉 과거에 쌓은 선한 카르마의 에너지가 원재료가 되어 만들어진다.

욕망 자체는 '갖고 싶어. 하지만 가질 수 없어서 괴로워'

라는 부정적인 충동에 지나지 않는다. 욕망만으로는 결코 의욕을 만들어낼 수 없다. 오히려 강한 욕망으로 인한 마음의 스트레스는 '싫어' '진절머리가 나'와 같은 분노의 에너지를 만들고 의욕을 떨어뜨린다. 『법구경』을 인용하면 다음과 같다.

> 이 세상에서 집착의 근원이라 할 수 있는 들쑤시는 욕망을 가진 사람은 여러 가지 스트레스를 늘려 간다. 비가 내린 다음에 잡초가 무성해지듯이. 『법구경 335번』

사람들은 미디어의 부추김으로 인해 사회적 '승리자'가 되고 싶어 한다. 그래서 욕망을 계속 쌓아 간다. 그러나 욕망을 실현하기 위해 의욕을 갖고 지속적으로 노력하는 사람은 많지 않다. 마음에 아무리 욕망을 가득 채워도, 그것을 실행에 옮기도록 할 선의 카르마가 마음에 축적되어 있지 않는 한 소용이 없다. 오히려 욕망 때문에 더 많은 스트레스를 느끼면서 아무것도 지속적으로 실행에 옮기지 못한다.

화려하고 멋져 보이는 일을 하고 싶고, 다른 사람을 제치고 성과를 올리고 싶다는 욕망은 집착의 전형적인 모습이다. 이는 마음을 억압하고 정신에 엄청난 스트레스를 준다. 늘 멋져야 하고 다른 사람을 앞질러야 한다며 자신에게 지나친 자극을 가하는 것은 오래 지속되지 못한다. 강한 자극을 통해 의욕을 이끌어 내려고 하면 할수록 점점 자극에 익숙해지고 어느 날 갑자기 질려 하던 일에서 손을 놓게 된다.

반면 '이 일은 다른 사람들에게 도움이 돼' '사회에 기여하고 있어'라는 온화한 만족감을 통해 이끌어내는 의욕은 오래간다. 얼핏 느끼기에는 맛이 엷을 수도 있다. 하지만 그런 의욕은 아무리 먹어도 질리지 않아 깊은 맛을 느낄 수 있으며 지속적으로 에너지를 공급해 준다.

'세상을 위해, 다른 사람을 위해'라는 말은 위선처럼 여겨져 유치해 보일 수 있다. 하지만 그런 말은 번뇌로 인해 의욕을 떨어뜨리지 않는다. 또한 온화한 만족감에는 지속적으로 의욕을 유지할 수 있도록 하는 선의 정수가 담겨 있다.

따라서 위선 앞에서 부끄러워할 필요가 없다. 오히려 솔직히 '세상을 위해, 다른 사람을 위해' 기여하겠다는 마음을 갖는 편이 좋다. 그런 감각으로 임할 수 있도록 일의 내용과 마음을 관리하는 것이 현명하다. 직업을 선택할 때도 가능하면 동식물이나 환경에 나쁜 영향을 끼치지 않고 도움이 되는 일을 선택하는 것이 이상적이다. 이는 불교의 팔정도(八正道) 중의 하나인 정명(正命)에 해당된다.

많은 사람이 자아를 부풀린다. 다시 말해 자존심을 부풀려 빗나간 욕망을 안고 살아간다. 하지만 욕망의 번뇌로 인한 스트레스는 과거에 쌓아 둔 선한 카르마를 상쇄시키며 의욕까지 떨어뜨린다. 그뿐만이 아니다. 성실하게 일하고, 지속적으로 인간관계를 이어 가고, 다른 사람에게 상냥하게 대하고, 한 권의 책을 다 읽게 하는 활력마저 서서히 앗아간다.

쉽게 말해 모든 스트레스는 번뇌에서 비롯된다. 그리

고 스트레스가 일정한 양 이상으로 쌓이면 의욕도 바닥이 난다. 때문에 부도덕한 감정이 침입해 들어오지 않도록 마음을 정화하고 엄격히 점검해야 한다.

이를 게을리하고 마음을 방치해 두면 어느 날 갑자기 '출근하기 싫다' '운동하는 게 귀찮아' '기대하던 데이트였는데, 갑자기 나가기 싫어졌어'라는 생각이 들 수 있다. 지금 이 순간에 해야 할 일을 제대로 하지 못하고 헛되게 흘려보내게 된다. 좀 더 예를 들면 '아, 일어나야 하는데 못 일어나겠어' '오늘은 왠지 씻기가 싫어' '주방에 그릇이 가득 쌓였는데, 그냥 내버려 두자'라는 생각이 들 수도 있다. 이처럼 의욕이 꺾이는 이유는 과거에 만들었던 욕망과 분노와 방황의 카르마가 활성화되어 그에 따른 응보를 받고 있기 때문이다.

번뇌는 의욕을 떨어뜨린다

아주 사소한 스트레스조차 의욕을 떨어뜨리는 원인이 된다. 따라서 스트레스를 만들지 않도록 세심한 주의를 기울여야 한다.

'저 여자는 화장이 서투르네'라고 생각하면 오만함과 남을 깔보는 반발심이 마음을 억압한다. 이는 부도덕한 감정이어서 스트레스가 되고, 자신도 모르는 사이에 의욕의 에너지를 떨어뜨린다. '날씨가 너무 더워 짜증 나'라고 분노의 카르마를 만드는 것도 마찬가지다. 왜 상사는 나에게 좀 더 다정하게 대하지 않을까 원망하면서 '자신은 무능한 주제에 늘 다른 사람만 물고 늘어지는군. 저런 상사는 사라져버리면 좋을 텐데'라고 마음을 불태울 때나, '저 차, 매너 없이 갑자기 끼어들다니!'라며 흥분할 때도 마찬가지다. 이럴 때마다 정진을 위한 에너지의 재고는 줄어든다.

이제 의욕을 유지하기 위해서는 욕망, 분노, 방황의 번뇌를 만들지 않아야 한다는 것을 알았을 것이다. 특정한 일에 지속적으로 의욕을 유지하기 위해서는 일 자체나 일과 관련된 것들에 대해 욕망과 분노의 스트레스를 만들지 않아야 한다.

스트레스는 뚜렷한 형태가 없다. 그렇기 때문에 계속 쌓아 두면 대상을 막론하고 언젠가는 나쁜 위력을 발휘한다. 물론 A라는 일과 관련되어 발생한 스트레스는 A와 깊은 관련이 있을 수밖에 없다. 때문에 결국 A나 A와 관련된 것에 대해 의욕을 떨어뜨린다.

'오늘 부장님 표정이 험악하네. 괜히 화풀이 당하는 거 아냐? 짜증이 나려고 해'라는 반발심이 카르마를 만든다고 해 보자. 그러면 상사가 자신에게 지시한 일에 대해 의욕을 잃기 쉽다. '책상에 앉아 있는 것은 곤욕이야' '이 직장은 사람들 간에 대화가 없고 무료해서 탈이야' 등 이런 불선한 마음 하나하나가 일에 몰두하는 자세를 흐트러뜨리고 효율을 떨어뜨린다. 이를 깨닫는다면 부도덕한 마음을 만드는 습관을 줄이고 평온하고 안정된 마음을 유지하게 될 것이다.

부도덕한 마음과는 정반대로, 마음이 욕망과 분노와 방황에 점령되지 않도록 규칙을 부여하는 것도 도덕의 진수 중 하나다. 자신에게 규칙을 부여하면 쓸데없는 스트레스를 만들지 않게 된다. 그러면 항상 맑은 의식으로 지금 무엇을 해야 할지 판단할 수 있다. 또한 정진을 위한 좋은 에너지가 만들어져 일을 성공적으로 이끌어 갈 수 있다.

그러나 현실은 많은 사람이 욕망과 분노라는 부도덕한 마음 때문에 자신을 괴롭히고 스트레스로 가득한 일상을 보낸다. 인간은 변화를 싫어하는 지극히 자연스러운 습성을 갖고 있기 때문이다.

이런 습성 때문에 '인간은 욕망과 분노를 가진 방황하는 존재다. 그래서 인생은 흥미롭다'는 말도 안 되는 인생철학이 만들어진다. 이런 수사를 써서 번뇌를 간과하면 잠재의식에 스트레스가 쌓이고 신체는 유해한 불쾌 물질에 휩싸이게 될 것이다.

지금 이 순간에 집중하라

사람들은 흔히 "욕망과 분노가 없으면 인생에서 즐거움과 의욕이 사라질 것"이라고 말한다. 이런 말은 욕망과 분노를 실제로 줄여 본 적이 없는 사람들이 자주 한다. 자신이 경험하지 못한 일을 제멋대로 단정하고 공상하는 것이다. 사실과는 전혀 다른데도 말이다.

> 욕망에서 스트레스와 불안이 비롯된다. 욕망에서 해방된 사람에게 스트레스는 존재하지 않는다.『법구경 215번』

어떤 일에서든 몰두하고 있을 때 모든 신경이 그 일에 집중된다. 때문에 머릿속에서 욕망과 분노를 만들거나 잡념이 생길 틈이 없어진다. '이러면 좋을 텐데' '저건 싫은데'라는 잡념을 품지 않고 오로지 일에 몰두할 수 있다. 그러면 스트레스는 사라지고 큰 충실감을 얻게 된다. 또한 선한 카르마가 잠재의식에 새겨져 좋은 에너지가 쌓인다.

잡념 없이 몰두하는 모습을 좀 더 구체적으로 살펴보자. 모든 일을 세분화하면 두 가지로 나뉜다. 신체의 사소한 동작, 즉 입이나 몸을 움직이는 것과 머리로 생각하는 것으로 이뤄진다. 이런 일거수일투족에 집중함으로써 잡념이 생기지 않도록 하면 일에 몰두할 수 있다.

신체 동작을 할 때를 예로 들어 보자. 타이핑을 할 때 손 근육의 움직임이나 손가락이 자판에 닿았을 때의 감각을 느껴 보라. 거기에 의식을 집중하면 머릿속에서 잡념이 생기지 않는다. 생각하는 것과 실제로 느끼는 것은 양립할 수 없기 때문에 타이핑을 하는 순간의 감각에 의식을 멈추면 자연스럽게 잡념은 가라앉는다.

회의를 할 때는 들려오는 소리에 집중해 보라. 매 순간 들려오는 소리의 느낌에 의식을 고정해 두는 것이다. 그리고 의자에서 일어날 때는 그 순간 엉덩이의 느낌이 어떻게 변하는지, 다리의 근육은 어떻게 움직이는지에 의식을 집중해 보라. 이렇게 의식을 그 순간에 머무르게 하면 스트레스를 줄일 수 있다. 『대념처경(大念處經)』에서는 이렇게 말한다.

앞으로 나아갈 때든 돌아올 때든, 앞을 볼 때든 뒤를 볼 때든, 앉을 때든 일어설 때든 모든 동작에 완전한 자각의 감각을 향하게 하라.

또한 무엇을 해야 할 것인지 생각할 때는 다른 잡념을 떠올려서는 안 된다. 다른 것에 의식을 돌리지 않고 오로지 해야 할 일에 집중해야 한다. 일을 처리하는 순서를 생각하면서 내일 할 일을 떠올리거나, '이 일이 끝나면 스트레스를 풀 겸 해서 뭔가 재미있는 것을 해 볼까?'라고 의식을 흐트러뜨리면 효율을 높일 수 없다. 게다가 잡념을 만들면 마음이 동요되어 스트레스까지 늘어난다. 밟히고 걷어차이는 셈이다.

잡념을 버리면 스트레스도 없다

매 순간 시간을 세분화해서 '지금 하는 것'에 의식을 집중하면 어떤 스트레스도 생겨나지 않는다. 스트레스, 즉 피로는 '빨리 해야 해' '따분하고 재미가 없군' '실패하면 어떡하지'와 같은 부도덕한 감정이 생각을 흐트러뜨리기 때문에 생긴다.

일 자체는 스트레스가 아니다. 그런데 일이라는 원재료에 쓸데없는 첨가물을 잔뜩 더하기 때문에 스트레스라는 이름의 맛없는 스토리가 만들어지는 것이다.

잡념 없이 일을 끝내는 것은 욕망이나 분노의 첨가물을 더하지 않고, 일이라는 원재료를 있는 그대로 맛있게 먹는 것과 같다. 이는 뇌의 잡념에 파묻혀 있거나 첨가물에 중독된 사람이 거기서 탈출할 수 있는 유일한 방법이기도 하다.

그런데도 사람들은 욕망과 분노에 사로잡혀 현실이나 실제로 느낄 수 있는 사소한 감각을 간과한다. 게다가 뇌에서 원재료를 이리저리 멋대로 주물러 현실과 전혀 맞지 않는 것으로 가공해버린다. 이는 실감이나 충실감을 없애고 '삶의 즐거움을 느끼지 못하는 불감증'으로 이어진다.

욕망을 끊는 자기만의 법칙을 세워라

욕망으로 가득 찬 번뇌를 줄이면 욕망을 위해 쓸데없이 사용되던 에너지를 아낄 수 있다. 이렇게 보존된 에너지는 결코 소멸되지 않고, 해야 할 일에 적극적으로 몰두하게 하는 에너지로 전환된다.

만약 술에 의존하고 있다면 그 욕망을 끊기 위해 자신에게 규칙을 부여해 보라. 또는 소중한 사람에게 불쾌한 언동을 하는 분노의 패턴에 의존하고 있다면 분노의 흐름을 끊고 상냥해지기 위한 자기 규칙을 부여해 보라. 그러면 반작용으로 인해 무언가에 전념할 수 있는 에너지가 생겨날 것이다.

이처럼 자신에게 규칙을 부여함으로써 악업의 에너지를 재활용하는 것이 '선'의 사명이라고 할 수 있다. 선을 위해 자기 규칙을 부여하고, 욕망과 분노라는 '악'의 에너지를 재활용함으로써 이끌어낸 강력한 에너지야말로 '정진'이라는 이름에 가장 잘 어울린다.

잡념 없는 정진의 에너지로 일에 몰두할 때, 마음속은

욕망과 분노가 사라지고 텅 비게 된다. 아름다운 비움, 즉 공(空)의 상태가 되는 것이다. 이는 욕망과 분노라는 무거운 에너지가 텅 빈다는 의미로, 경쾌하고 충실한 에너지만 남아서 작용하는 상태를 말한다.

도덕 수업이
나쁜 마음을 키운다

도덕을 다루는 기술

우리는 도덕적인 사람이 되거나 착한 마음씨를 갖는 것이 득이 된다는 것을 머릿속으로 알고 있다. 하지만 실제로 착한 마음을 갖거나 착한 행동을 한다는 것은 말처럼 쉽지 않다.

당신은 '자, 내일부터는 짜증 내지 말고 밝은 모습으로 일에 몰두하자'라고 생각한다. 하지만 오랫동안 모아 온 분노의 카르마는 하루아침에 사라지지 않는다. 그래서 자신도 모르게 분노의 카르마에 조종당하게 된다. 이것이 인간 세상의 이치다. 알고 있지만 멈출 수 없는 것이다.

과식으로 고민하는 사람이 '내일부터는 음식에 대한 욕구를 조절해서 과식하지 않겠다'고 다짐한다. 하지만 이런 막연한 생각만으로는 다음 날도 변함없이 과식을 하게 된다.

도덕은 머리로만 알고 있거나 '자, 이렇게 해 보자'라고 생각한다고 해서 효과를 낼 수 있는 것이 아니다. 그렇다면 자신에게 실제로 좋은 영향을 주기 위해서는 어떻게 해야 할까? 먼저 우리 마음에 작용하는 카르마의 인과법칙을 이해하고 도덕을 잘 다루는 기술을 익혀야 한다.

감정을 교란시키는 도덕 교육

도덕과 선에 대해 가르치는 사람들은 대부분 머리로는 도덕의 장점을 잘 알고 있다. 하지만 마음의 법칙을 터득하지 않았기 때문에 실제로는 도덕을 잘 다루지 못한다.

도덕을 가르치는 사람이 정작 사생활에서는 욕망과 분노에 휘둘려 주위에 폐를 끼치는 경우가 있다. 만약 이런 사람에게 도덕을 배운다면 '도덕적인 사람이 되고 싶다'는 생각이 들지 않을 것이다. 만에 하나 그런 생각이 들었다고 치자. 그렇다 해도 좋은 마음으로 내면을 재편성하는 방법을 배우지 못하기 때문에 도덕적인 사람이 될 수 없다.

이와 마찬가지로 요즘 학교에서 가르치는 도덕 교육에도 치명적인 결함이 보인다. 모처럼 아이들에게 착한 마음을 심어 줄 수 있는 시간을 확보했지만 그 기회를 쓸모없는 것으로 만드는 것이다.

대부분의 도덕 교육은 감동적이거나 잔혹해 보이는 그림 작품을 학생들에게 보여 주고 느낀 점을 토론하거나 감상문을 쓰게 하는 방법을 사용한다. 하지만 이처럼 자신의 의견을 말하거나 감동적인 감상문을 쓰게 하는 것은 국어 수업의 연장일 뿐이다. 따돌림이나 환경 파괴, 전쟁 등에 관한 작품을 보여 주고 감상을 말하게 하는 것은 학생들의 '표현력' 평가에 지나지 않는다.

감정을 잘 표현하는 능력이 필요하지 않다는 게 아니

다. 하지만 그것과 도덕은 거의 아무런 관계가 없다. 도덕이란, 마음에 녹아 있는 욕망과 분노와 방황의 농도를 감지하는 도구다. 그런데 단지 표현력에 재능이 있으면 그 아이는 좋은 평가를 받을 것이다. 감정 표현은 서툴지만 따뜻한 마음을 갖고 있는 학생은 좋은 평가를 받지 못한다. 반면 '마음은 어떻든 뛰어난 문장 능력이 있는' 약삭빠른 학생이 '도덕적'이라는 평가를 받는 것이다.

어릴 때 초등학교 도덕 시간에 지능이 낮은 아이가 심한 따돌림을 받고 자살한 이야기로 토론한 적이 있었다. 대부분의 아이들은 감정이 동요되어 '뭐가 뭔지 모르겠지만 따돌림은 나쁜 것'이라고 감성적인 의견을 제시했다.

이처럼 도덕 수업은 아이들에게 감성적인 충격을 주고, 그 감정을 표현하게 하는 방법을 자주 사용한다. 하지만 아이들을 감성적으로 만드는 것은 오히려 역효과를 낼 수 있다.

예를 들어 아이들의 마음이 따돌림은 나쁜 것이라는 착한 결론으로 인도되었다고 하자. 그러나 그 바탕에 있는 것은 잠재의식에 새겨진 분노의 에너지다. 즉 '뭔지 모르겠지만 불쾌한 느낌이야!'라는 분노의 에너지가 작용해서 따돌림은 나쁘다는 결론을 내리는 것이다. 또한 '뭐가 뭔지 모르겠지만 어쨌든'이라는 어리석음의 에너지도 가득하다. 결국 마음속에서 마음의 성장을 저해하는 매듭이 만들어진다.

이렇게 혼란스러운 상태에서 이끌어낸 결론은 마음속에 합리적으로 자리 잡지 못한다. 때문에 막상 착한 마음이 작용해서 행동해야 할 때, 이를 제대로 활용할 수 없는 것이다.

악의 덫에 빠지지 않는 법

감정을 자극하거나 충동을 일으키는 사례를 이용한 도덕 교육은 중단해야 한다. 그것보다는 감정을 통제하는 방법이나 기술을 가르쳐야 한다. 자극적이고 과장된 사례를 접한 아이들은 마음에 자극을 받아 안정감을 잃게 된다. 아이들이 지금 어떤 감정을 갖고 있는지, 어떻게 그 감정에 휘둘리고 있는지를 자각하고 통제할 수 있는 방법을 가르쳐 줘야 한다.

앞에서도 말했듯이 '도덕적인 사람이 되자. 착한 마음을 갖자'라고 마음먹었다고 해서 될 일이 아니다. 예를 들어 '도박을 그만두어야지'라고 결심했다고 쉽게 멈출 수 있을까? '무심코 다른 여자(남자)에게 눈이 돌아가는 습관을 버려야지'라고 생각했다고 금방 그렇게 될까? '초콜릿을 그만 먹어야지'라고 생각해도 손은 금세 초콜릿에 가 있을 것이다. 초콜릿 하나 끊지 못하는 것조차도 불선 행위다. 부도덕이다. 말도 안 된다고 생각하는가? 스스로 억제하지 못하는 꿈틀거리는 욕망은 자신을 괴롭히기 때문에 악인 것이다.

왜 우리는 이처럼 다양한 종류의 악에 빠지는 것일까? 또 왜 악에서 빠져나오지 못하는 것일까? 악에서 헤어나기 위해서는 먼저 그 원인을 명확히 밝혀야 한다. 그런 다음, 빠져나오기 위한 구체적인 방법을 사용해야 한다. 그렇지 않는 한 도덕은 아무런 도움을 주지 못한다.

먼저 원인을 찾아보자. 왜 멈추려고 해도 멈추지 못하는 것일까? 그것은 자신이 쌓아 온 카르마에 사로잡혀 자신을 통제하지 못하기 때문이다. 즉 자기 통제력이 결여되어 있는 것이다.

불가에서 자기 통제력의 결여는 집중력이 부족한 것과 같다. 일순 '초콜릿을 그만 먹어야지' '도박은 나쁘니까 그만두어야지'라고 생각해도 오랫동안 유지하기가 어렵다. 의식은 한곳에 머물러 있지 않고 곧바로 '저 사람은 머리 스타일이 이상하네' '밖이 소란스러운데 거리 공연이라도 하는 걸까?'라며 자꾸 다른 곳으로 옮겨 가려 한다. 하지만 훈련을 하면 누구나 의식을 한곳에 고정할 수 있다. 훈련을 통해 'A를 하자'라고 생각하면 실제로 오로지 A를 할 수 있는 능력을 기를 수 있는 것이다.

자신에게 도덕적 규칙을 부여하는 것은 '계(戒)'에 해당된다. 계를 지키려면 자기 통제력, 즉 집중력을 길러야 한다. 집중력을 높이기 위해 호흡과 신체의 움직임에 의식을 통일하고 몰입하는 것은 좌선의 초보 단계로 매우 중요한 역할을 한다. 집중력과 자기 통제력을 기르면 자기 규칙을 지키기 쉬워지고, 자기 규칙을 잘 지키면 마음이 안정된다. 마음이 안정되면 일관된 자기 통제력을 가질 수 있다. 이렇게 양화가 양화를 낳는 좋은 '순환 환경'이 만들어지는 것이다.

출발점은 '계'에 의한 자기 규칙을 만들고 일관된 마음을 유지하는 것에서 시작된다. 제2단계는 그것을 토대로 강한 집중력을 만드는 '정(定)'으로 나아간다. 이 집중력을 이용해 마음의 인과법칙에 따라 모든 진리를 직접 체득하는 '지혜(智慧)'의 차원으로 나아가야 한다. 이것이 목표의 제3단계라고 할 수 있다.

다시 도덕 교육의 문제로 돌아가 보자. 지금의 도덕 교육에는 자기 통제력의 기반이 되는 집중력을 기르는 훈련이 필요하다. 만약 학교 교육에 좌선 수업을 도입하면 학생들은 더 쉽게 감정을 통제할 수 있을 것이다. 반드시 좌선일 필요는 없다. 인격 형성을 위한 근본 토대로서 교육에 도입할 필요가 있다는 것이다.

머리로만 아는 것과 마음으로 아는 것은 다르다

앞서 집중력에 대해 언급했는데, 자기 규칙이나 집중력은 안정된 지혜로 지탱될 때 비로소 진가를 발휘한다. 초콜릿을 그만 먹으려 해도 그만둘 수 없는 것은 집중력이 부족해서다. 그리고 또 하나의 큰 원인은 바로 지혜가 결여되었기 때문이다.

'초콜릿을 너무 많이 먹으면 건강에 해로워. 병에 걸릴 수도 있어. 게다가 살도 찌잖아. 아무튼 많이 먹는 건 좋지 않아'라고 머리로 알고 있는 것은 지혜가 아니다. 머리로만 알고 있는 것은 어차피 도움이 되지 않는 지식에 불과하다. 또한 유감스럽게도 지식으로는 행동을 통제할 수가 없다.

오히려 머리로 알고 있는 것은 해로운 측면까지 있다. '나는 알고 있어'라고 생각하면 '알고 있으니까 괜찮아'라는 거짓 안심이 생기기 때문이다. 그런 안심으로 인해 '나는 괜찮아'라는 마음이 생겨 해로움에 대한 경각심을 잃는다. 결국 머리로만 해로움을 안다는 것은 오히려 더 해로울 수 있다.

지혜는 지식과 다르다. 초콜릿을 많이 먹으면 분명 쾌감을 느낄 것이다. 하지만 실제로는 대량의 고통도 함께 따른다. 지혜란 그 고통에 덮개를 씌워 외면하는 것이 아니라, 있는 그대로의 고통을 느끼는 것이다. 또한 욕망으로 더럽혀진 감정, 비참하고 견딜 수 없는 감정에 대면해서 '아, 즐겁다고 생각했는데 실제로는 괴로운 것이었구나'라고 있는 그대로 실감하는 것이다. 이는 단순히 지식을 통한 이해와는 다르다. '아, 욕망이란 실제로 이토록 강렬하게 자신을 괴롭히는 것이구나'라는 경험에 입각해서 마음으로 깨닫는 것이다. 이로써 비로소 '욕망에서 벗어나야지'라는 의지가 솟아오르게 된다.

지혜는 이렇게 마음속에 새겨져 실제로 좋은 방향으로 이끄는 깨달음이다. 하지만 말로 지혜를 가르친다는 것은 쉬운 일이 아니다. 욕망, 분노, 어리석음, 방황과 같은 충동적인 에너지에 끌려 쾌감을 느끼려고 행동한다면 반드시 고통이 따른다. 장기적으로는 인과법칙이라는 진리에 의해 나쁜 기운까지 불러들인다. 이는 지혜의 극히 일부로 알아 두기만 해도 충분히 유익할 것이다.

지혜를 전하는 방법에는 여러 가지가 있다. 먼저 아이들에게 일상의 다양한 행동 속에 욕망과 분노가 얼마나 섞여 있는지를 느끼게 해 주는 것이다. 몸과 마음이 어떤 결과, 즉 어떤 응보를 받고 있는지 관찰하고 그 결과를 발표하게 한다. 실제로 어떤 법칙에 의해 자신의 마음이 변하는지 느끼고 이해할 수 있도록 이끌어 주는 것이다. 그러면 아이들은 더 특별한 것을 가르쳐 주지 않아도 스스로 '착한 마음을 갖는 것이 득이다'라는 것을 이해하게 된다.

몸과 마음의 상태를 예민하게 자각하라

요즘 아이들을 보면 분노라는 불선한 감정을 제대로 통제하지 못한다는 것을 알 수 있다. 분노를 통제하지 못하면 그 함정에 빠져 큰 고통을 경험하게 된다. 고통을 견디지 못하면 다른 사람에게 해를 끼칠 수도 있다. 이처럼 분노의 감정이 몹시 해롭다는 것을 알게 하는 것이 중요하다. 하지만 막상 분노의 감정이 솟아오를 때 능숙히 다루기 위해서는 앞서 말한 지혜가 매우 중요한 역할을 한다.

예민한 센서를 사용해서 자신의 마음을 점검하고, 매 순간 마음이 어떤 상태인지를 파악해야 한다. 이를 잘하면 잘할수록 분노가 솟아날 때 초기 단계에서 깨닫고 대처할 수 있다.

이렇게 자각하는 능력이 생기면 분노에 휩싸이거나 분노와 일체화되는 일이 줄어든다. 사람은 '내가 지금 화를 내고 있군'이라고 자각하지 못할 때 분노에 파묻힌다. '나는 지금 화를 내고 있어. 크게 화가 났어'라고 자각하면서 화를 내기는 어렵다.

이처럼 자신의 상태를 자각하는 능력을 불가에서는 '염력(念力)'이라고 한다. 염력은 전문적인 훈련을 하지 않아도 익힐 수 있다. 아이들에게 매 순간 몸과 마음의 상태를 의식할 수 있도록 질문을 던져 보라. 그리고 그 답에 귀를 기울여 보라. 이를 반복하면 염력을 향상시킬 수 있다.

염력을 익히면 분노가 솟아올라도 분노에 동화되지 않는다. 익숙해지면 쉽게 화를 내지 않게 된다. 그 대신 화를 내고 있다는 것을 깨닫는 사람, 화를 내고 있는 자신의 모습을 응시하는 사람이 된다. 비로소 감정과 자신을 한 걸음 떼어 놓을 수 있게 되는 것이다. 아이들에게 이런 정신적인 능력을 길러 주는 것은 온화한 인격 형성에 매우 큰 도움이 된다.

나쁜 마음의
부메랑

나쁜 사람은 정말 노력하지 않고 이익을 얻는가

제3장의 서두에서는 '착한 사람은 손해를 본다'는 것이 얼마나 터무니없는 말인지 살펴보았다. 그리고 그 편견을 바로잡았다. 하지만 사람들의 마음속에는 여전히 '나쁜 사람이 이익을 얻는다. 나쁜 마음이 들어도 이익을 얻는 편이 낫다'는 생각이 자리한다.

나쁜 행동을 하면 사회적인 심판을 받거나 파멸하는 사람도 있다. 하지만 대부분은 불선을 행해도 딱히 처벌되거나 발각되지 않는다. 오히려 이익을 얻는 것 같이 느껴지기도 한다. 나쁜 마음을 갖고 있는데도 나쁜 결말을 초래하지 않는 것처럼 보이는 것이다. 그래서 불선한 마음이 불행을 불러들인다는 것에 의구심을 갖게 된다.

하지만 이는 다음을 고려하지 않기 때문에 하는 착각에 불과하다. 즉 마음속에 어떤 에너지가 작용할 때 심신이 어떤 영향을 받는지 간과하고 있는 것이다. 또한 카르마에 의한 인과응보의 복잡성, 결과를 알게 되기까지의 시간의 차이를 생각하지 않기 때문이다.

지금까지 '욕망과 분노의 번뇌를 만들면 몸과 마음은 불쾌감으로 인한 응보를 받는다'고 했다. 여기서는 좀 더 구체적으로 살펴보겠다.

몸과 마음을 해치는 욕망의 위력

어린 시절에는 누구나 한 번쯤 부모님께 장난감을 사 달라고 졸라 본 경험이 있을 것이다. 부모님이 장난감을 사 주지 않으면 서러움이 복받치고 존중받지 못하는 것 같아 엉엉 울기도 한다. 그러다 감정이 통제되지 않으면 더욱 거칠게 운다. 이런 모습을 통해 욕망의 에너지가 얼마나 격정적인지 알 수 있다.

욕망은 몸과 마음에 해악을 끼치는 비정상적인 생화학 반응을 일으킨다. 욕망은 그 정도로 강렬하고 해로운 위력을 발휘한다.

사람들은 성인이 되어 감에 따라 무언가를 갖고 싶어도 어릴 때와 같은 고통을 느끼지는 않을 것이다. 하지만 그렇다 해도 욕망에 따른 악영향이 어릴 때보다 줄어드는 것은 아니다. 아무리 불쾌한 경험도 반복하면 거기에 익숙해진다. 인간은 익숙해진 불쾌함을 외면하면서 느끼지 못하는 척하는 습성을 갖고 있다.

성인이 되어도 어릴 때와 마찬가지로 심신에 해로운 불쾌 물질은 똑같이 분비된다. 만약 불쾌 물질을 민감하게 느낀다면 고통스러워서 견디지 못할 것이다. 그렇기 때문에 불쾌감에 덮개를 씌우고 감각을 무디게 함으로써 느끼지 못하는 척한다.

이는 고통에 덮개를 씌워 놓은 것에 불과하기 때문에

욕망이 솟아오르면 다시 욕망의 지배를 받게 된다. 덮개가 벗겨지면 곧바로 불쾌 물질이 전신을 휘감아 고통을 준다. 그래서 연인의 외도 사실을 알게 되면 억누를 수 없는 불쾌감 때문에 고통을 느끼면서 잠을 이루지 못하는 것이다.

'양심의 가책'의 정체

문제는 고통을 느끼는 감각을 무디게 하여 '느끼지 않는 편이 좋아'라고 생각하기 쉽다는 점이다. 이는 결코 바람직하지 않다. 실감하지 못해도 잠재의식은 알 수 없는 곳에서 손상을 입는다. 실감하지 않으려 해도 반드시 장기나 근육에 불쾌 물질이 쌓여 건강을 해친다.

마음속에 생긴 욕망이 심신에 얼마나 파괴적인 영향을 미치는지를 살펴보아야 한다. 이는 감각을 예민하게 함으로써 좀 더 잘 파악할 수 있다. 해로움을 자각하면 '다음부터는 주의해야겠다'는 깨달음을 얻고 방향을 수정할 수 있다. 해로움을 분명하게 의식하면 '심신에 손상을 주니까 고쳐야겠다'는 의식의 최적화 작용이 일어난다. 이로 인해 심신의 자기 치유력도 높아진다.

인간은 고통과 상처에 대해 반사적으로 짜증을 내면서 외면하려고 한다. 이는 극히 자연스러운 현상이다. 하지만 분명히 의식할 수 있어야만 상처를 치유하는 회로가 작동하기 시작한다. 이런 의식의 정화 작용은 머릿속으로 '이렇게 저렇게 해야지'라고 생각만 하는 것과는 전혀 다른 작용이다.

반대로 감각이 엉성하고 무디면 불선한 마음이 미치는 악영향, 즉 심신에 쌓이는 손상을 깨닫지 못한다. 오히려 더 심하게 악영향을 쌓게 된다. 감각을 무시함으로써 나쁜 영향을 느끼지 못하는 상태가 되면 어떻게 될까? 자신을 보이지 않는 어둠 속으로 내몰고 안 보이는 척하는 것과 같다. 이렇게 되면 모르는 곳에 축적된 카르마는 그 일을 잊어버릴 때쯤 파괴적인 응보로 되돌려 준다.

막연히 '양심의 가책'이란 이름으로 불리는 마음의 고통은 불선한 행동으로 인해 생기는 심신의 손상이다. 양심의 가책은 느끼는 사람도 있고, 느끼지 않는 사람도 있다. 그래서 믿기 어려운 것이라고 말하기도 한다.

양심의 가책을 느끼지 못해 초래되는 피해는 누구에게나 보편적으로 일어난다. 하지만 그 고통은 사람마다 다르게 느낀다. 즉 얼마나 섬세한 감각을 갖고 있느냐에 따라 달라지는 것이다.

악업은 잠재의식 속에 쌓인다

'나쁜 사람은 정말로 아무런 노력을 하지 않고도 이익을 취하는 것일까?'라는 문제로 돌아가 보자.

소위 '이익만 챙기려고 하는 나쁜 사람'의 행동을 살펴보자. 욕망이 시키는 대로 부정을 저지르거나, 사원들에게 잔업을 시켜 실질적인 급여를 줄임으로써 착취하기도 한다. 또는 '분노'의 에너지를 발산하여 라이벌을 밀어내면서 자신의 이익을 추구한다.

이런 악행을 하는 사람들은 자신이나 주위 사람들이 볼 수는 없지만 그 순간 격렬한 응보를 받는다. 부정을 처음 저지르면 '탄로 나지 않을까'라며 몹시 조마조마해할 것이다. 게다가 마음의 감각도 무뎌져 있기 때문에 실제로 느끼는 '조마조마한 불쾌감'보다 50배, 100배나 더 많이 해로움을 축적한다.

이렇듯 심신을 망가뜨리는 강렬한 불쾌감이 '양심의 가책'이라고 할 수 있다. 그런데 실제보다 50분의 1 정도밖에 피해를 느끼지 못한다. 때문에 '이 정도의 고통이라면 괜찮아'라고 생각하는 것이다.

나쁜 마음을 하나씩 쌓을 때마다 심신에 생기는 변화를 감지하는 센서는 급속도로 무뎌진다. 하지만 그 피해를 모두 느낄 수 있다면 달라질 것이다. 즉 '나쁜 마음을 먹으니 이렇게 안 좋은 영향을 주는구나. 그러니 나쁜 마음을 갖지 말아야겠다'라고 깨닫게 된다. 그러나 사람들은 악행이나 부도덕한 마음을 버리지 않고, 오히려 나쁜 영향을 느끼게 하는 감각을 둔하게 만든다.

이렇듯 실제로 일어나는 피해를 외면하면 자신도 모르는 곳으로 그 피해가 더욱 확대된다. 자신이 모르는 영역이 늘어나면 늘어날수록 의식으로 통제할 수 있는 부분도 줄어든다. 바꿔 말하면 자신도 알 수 없는 무의식이라는 영역에 지배를 당하는 부분이 많아진다. 이 영역이 확대된다는 것은 모든 악의 근원이 되는 '무지'를 늘리는 것이다.

단기적인 관점에서 보더라도 카르마는 나쁜 마음을 먹는 순간 심신에 강렬한 응보로 되갚아 준다. 나쁜 마음을 먹으면 많은 스트레스를 받기 때문에 스트레스를 해소하는 방법도 결코 간단하지 않다.

스트레스와 오락은 공범이다

어떤 경영자들은 자신을 윤리적으로 통제함으로써 성공적인 길을 걷는다. 그러나 이들을 제외하면 조직의 지도자적 위치에 있는 대부분의 사람들은 스트레스 때문에 괴로워한다. 이들은 스트레스 해소를 위해 온갖 방법을 동원한다. 매우 비참한 일이다.

예를 들어 스트레스에 과하게 노출되면 지나친 음주를

통해 욕망과 분노로 더럽혀진 마음을 일시적으로 잊으려고 한다. 또는 거액의 판돈이 걸린 도박판에 고개를 내밀기도 한다. 도박의 스릴 때문에 일시적으로 이성을 마비시켜 불행한 현실에서 잠시나마 떠나려고 하는 것이다. 혹은 배우자가 아닌 다른 사람과 바람을 피움으로써 가정과 연결된 자신을 잠시 잊으려고도 한다. 심지어 수많은 경영자가 이런 불안감을 잊으려고 이상한 종교 단체에 가입해 현실에서 도피하려 한다.

반면 스트레스를 해소하려고 자극적인 오락에 손을 대기도 한다. 이런 것에 의존하면 얼핏 풍요롭거나 행복해 보일 수도 있다. 하지만 마음속은 광란으로 더럽혀진 에너지가 뒤죽박죽되어 서로 충돌한다. 혼란스럽고 불행한 상태다.

불선을 끌어들이는 과정

이런 비참한 상태는 자신만의 문제로 끝나지 않는다. 과격한 스트레스 해소법에 의지하면 가족뿐만 아니라 가까운 주변 사람들까지 나쁜 영향을 받는다.

스트레스 해소에 정신이 팔리면 가족에게 전혀 이익이 되지 않는 일들에 쓸데없는 돈을 쓰게 된다. 또한 가족을 소홀히 대하며 가족의 마음에서 자신이 얼마나 멀어졌는지 깨닫지 못한다. 이렇게 강렬한 분노와 욕망으로 더럽혀진 마음은 주변에 파동을 일으킴으로써 사람들이 마음에서 우러나오는 존경심과 순수한 애정을 갖고 다가오지 못하게 만든다.

그러다 보면 주변에는 욕망의 파동에 이끌려 욕망의 카르마를 쌓는 사람들만 남게 된다. 이런 사람들은 존경심이나 우정이 아닌 '잘만 하면 이 사람에게서 이익을 얻을 수 있겠다'라는 번뇌의 마음 때문에 다가온다. 욕망에 휩쓸린 사람들만 다가오고 진실한 마음을 가진 이들은 멀어지는 것이다. 이런 상황이 우리를 외롭고 고통스럽게 만든다.

하지만 앞서 말했듯이 사람들은 고통에 의식의 감각을 맞추고 괴로움이라는 응보를 수용하려는 용기가 없다. 때문에 고통에 덮개를 씌워 '나는 외롭지 않다. 세상에서 돈이 최고야'라는 형태로 자신을 속이려 한다. 그러면서 점점 더 그 허상에 매몰된다.

이 정도로 악화된 상태라면 몸과 마음은 이미 엉망이 되었다고 해도 과언이 아닐 것이다. 그래서 수면제가 없으면 잠들 수 없을 만큼 불행한 삶을 살게 된다.

이런 생활이 계속되면 어느 순간 마음의 손상이 임계점을 돌파해 심신은 파멸을 맞이할 수도 있다. 또는 신경쇠약증에 걸리거나 건강이 심하게 나빠져 병석에 눕게 될 수 있다. 나쁜 마음으로 인한 부도덕한 행위는 그것이 아무리 작다 해도 그 순간부터 불행의 원인을 잉태한다. 따라서 나쁜 사람이 이익을 얻는다는 말은 엉터리다.

이상으로 마음의 카르마가 초래하는 단기적인 관점의 인과응보를 살펴보았다. 다음으로는 헛된 집착처럼 장기적인 관점의 카르마가 어떤 악영향을 미치는지, 내 경험을 예로 들어 설명해 보겠다.

운명은 존재하는가

쓰키요미 사(月讀寺)에서 개최한 좌선회 중에 내방객이 이런 질문을 했다.

"운명이란 존재하나요? 만약 운명이 존재한다면 홀가분한 기분이 들 것 같아요. 하지만 그렇다면 노력할 필요가 없기 때문에 운명 같은 것은 믿지 말아야겠다는 생각도 들어요. 어떻게 해야 할까요?"

불가에서는 '운명'이란 말은 쓰지 않는다. 그렇지만 운명이 존재하느냐고 묻는다면 대답은 "예스가 반, 노가 반"이라고 할 수 있다. 바로 결론에 도달하기 전에 약간 돌아서 현대사회에서 제대로 이해되지 않고 있는 '무아(無我)'라는 개념을 살펴보기로 하겠다.

제2장의 위선과 비슷한 상황을 상상해 보자. 심한 감기에 걸려 있는데 옆에 있는 사람이 "힘들어 보이는데 괜찮아요? 따뜻하게 몸조리 잘하세요"라며 걱정해 주었다. 이런 말을 들었을 때 마음의 표면이 평온한 감정으로 충만해 있으면 "걱정해 줘서 고마워"라며 작은 행복감을 느

낄 것이다.

하지만 잠재의식에 축적되어 있는 분노의 카르마라는 화약이 마음의 표면으로 솟아오르면 선의를 느끼지 못한다. 오히려 상대의 마음속에 포함된 위선의 성분에 마음이 쏠리고 만다.

그러면 자신의 의지와는 상관없이 카르마에 사로잡혀 멋대로 생각해버린다. '정말로 걱정되면 간병을 해 주지 말로만 하는군. 위선자야!'라고 생각해 불쾌감이 온몸을 휘감는다. 눈 깜짝할 사이에 자신의 마음까지 해롭게 만드는 것이다.

기억의 노예로 전락하다

그렇다면 왜 '말로만 그러면서 얼버무리려고 하는군'이라며 선의를 받아들이지 못하는 것일까? 이는 기억 속에 '간병하기 귀찮으니까 걱정하는 척하면서 빠져나가려고 하는군'이라는 지식이 들어 있기 때문이다. 과거에 유사한 경험을 했다면 다른 사람에게도 똑같이 적용하게 된다. 상대방의 말을 듣고 이미 과거에 자신이 경험했던 기억이 떠오른 것이다. 이것이 카르마의 위력이다.

이런 마음이 생길 때 의식은 방대한 양의 정보를 처리한다. 하지만 이때 의식은 순식간에 통제를 벗어난다. 때문에 배려의 말을 들었으니 기쁘다는 것을 자신의 의지로 선택하지 못한다. 이를 깨달았을 때는 이미 자동적으로 불쾌해져 있는 것이 속세의 심리 상태다.

불교로 풀어보는 네 가지 마음의 구조

이런 일련의 마음 프로세스를 불가에서는 네 단계로 나눠서 분석한다.

- **식(識)**

들어오는 정보를 단순하게 포착하는 것을 '식(識)'이라고 한다. 이는 상대방이 말하는 것을 잡음과 구별하여 특별한 것으로 받아들이는 작용이다. 이때 왜 상대방의 말을 잡음이 아닌 특별한 것으로 의식하는 것일까? 그 이유는 우리가 쌓아 온 카르마에 의해 가장 관심 있는 것이 자동적으로 포착되기 때문이다.

• 상(想)

그렇게 자동적으로 들어온 소리의 자극에 대해 우리는 순간적으로 과거의 기억을 전부 점검한다. 그런 다음 들어온 정보가 어떤 것인지 단정 지으려고 한다.

쓰키요미 사 근처에는 전철 도큐세타가야 선(東急世田谷線)이 지나간다. 막 태어난 아기는 전철이 지나가는 소리를 모를 것이다. 또한 전철이란 지식이 있어도 근처에 처음 온 사람은 단지 전철 소리라고 생각할 것이다. 그러나 도큐세타가야 선이 지나간다는 사실을 알고 있는 사람은 '도큐세타가야 선의 전철 소리다'라고 단정하게 된다. 이런 과거의 기억에 맞춰 '이것은 이런 것이다'라고 단정하는 작용을 '회상(回想)'의 '상' 자를 써서 '상'이라고 한다.

"힘들어 보이는데 괜찮아요? 따뜻하게 몸조리 잘하세

요"라는 말을 들었을 때, '걱정을 표현하고 있다'고 기억에 근거하여 이해한다. 하지만 '간병이 귀찮아서 하는 말이다'라고 단정하게 된다는 것이다. 이렇게 단정할 때 과거에 자신이 말로만 하고 귀찮은 간병을 하지 않았던 기억이 활성화된다.

도큐세타가야 선을 알고 있는 사람의 뇌에서는, 덜컹거리는 소리만 들어도 '도큐세타가야 선의 전철 소리다'라고 자동으로 정보가 처리된다. 이와 마찬가지로 걱정해 주는 말을 듣는 순간, 기억이 활성화되어 '아, 속이려는 말이다'라고 자동적으로 단정해버린다.

• 수(受)

'상'으로 단정만 하면서 끝나면 괜찮다. 하지만 우리는 단정 지은 내용을 뇌에서 이리저리 주물러 '기분 좋아'라거나 '괴로워'라고 느끼도록 프로그램되어 있다.

이 '즐거움(樂)'이나 '괴로움(苦)'을 느끼는 단계를 '감수(感受)'의 '수'를 따서 '수'라고 한다. 그리고 '이것은 속이려는 말이다'라고 단정하는 시점에서 이미 자동적으로 괴로움이라는 머릿속 스토리가 연쇄적으로 만들어진다.

• **행(行)**

'수'의 단계에서 마음의 움직임을 멈추게 할 수 있다면 큰 문제가 되지 않는다. 하지만 마음을 내버려 두면 역시 한순간에 다음과 같은 연쇄반응을 일으킨다. 즐거움을 느끼면 욕망의 에너지가 일어난다.

또한 괴로움을 느끼면 그에 따른 분노, 즉 반발의 에너지가 충동적으로 솟아오른다. 이런 충동 에너지를 만들어내는 단계를 다른 사람에게 어떤 행위를 하게 하는 '행'이라고 한다.

이런 연쇄반응은 인과법칙에 의해 자동적으로 일어나기 때문에 의지로 통제할 수 없다. 그래서 '간병해 줄 마음이 없구나'라고 느끼면서 자존심에 상처를 입는다. 자신의 의지와는 상관없이 마음이 아프고 신체는 불쾌 물질로 가득해진다.

그 결과 분노, 즉 반발의 충동 에너지에 쫓기게 되며, '동정의 말은 필요 없어. 단지 간병할 마음이 없는 것뿐이잖아'라며 격분하게 된다. 이렇게 분노를 불태우며 나쁜 카르마를 더욱 쌓아 간다.

우리가 어떤 말을 들었을 때 어떻게 느끼고 어떻게 반응하느냐는, 과거에 쌓아 온 카르마의 결과다. '나'에 의해 움직일 수 있는 것은 거의 아무것도 없다.

'나'에게 집착하지 않기

하나의 구체적인 예를 들어 마음에 자아가 없다는 것, 즉 '무아'에 대해 아무리 설명해도 막연한 생각이 들 것이다. 그래서 마음에 실제적인 변화가 일어나지 않는다.

좌선을 통해 마음의 능력을 향상시키고 의식의 속도를 높여 보라. 그러면 자동적으로 이런저런 마음이 생겨난다는 것을 알 수 있다. 내 경우는 좌선을 할 때 다음과 같이 경과를 거슬러 올라간다.

이 마음도 제멋대로 생겨났어. 지금 제멋대로 기억이 떠올라 제멋대로 반응해서 불쾌해지고 있어. 내 마음을 스스로 움직이지 못하고 있구나. 하지만 '내 마음을 스스로 움직이지 못한다'고 생각하기 때문에 나는 존재하는 것이다. 또 이런 생각은 '나는 존재하지 않을지도 몰라'라는 불안감을 감추기 위해 자동적으로 생겨나는 반응이다. …… 그런데 방금 이런 생각도 자동적으로 생긴 것일까? 이 질문도 역시 자동적으로 생겼어. 그렇다는 것은 정말로 나는 존재하지 않는 것일까? 정말일까? 아, 싫다. 내가 존재하지 않다니 믿을 수 없군. 거짓말이겠지? 아니, 정말이구나.

이런 상태로 마음을 하나씩 들여다볼 때마다 '나'라는 상념에 한 방 얻어맞는 기분이다. 그런데 너무 빠른 속도로 계속 얻어맞게 되면 나 자신이라는 감각은 사라져버린다. 이처럼 '무아'란 단순히 마음이 편하고 기분이 좋은 상태만을 의미하지 않는다. 무아를 체험하기 전까지는

'내(我)'가 저항하기 때문에 일상적인 감각에서 보면 오히려 불쾌한 상태에 가깝다.

하지만 마음의 과도한 부자유에 강력한 충격이 가해지면 어떻게 될까? 일단 '내'가 사라지면서 '오직 나'라는 집착에서 벗어나게 된다. 그래서 마음은 점점 집착을 버리고 편하고 온화한 상태가 된다.

> 모든 일은 '내'가 없는 것이라고 마음속에서 체감할 때 비로소 스트레스에서 멀어진다. 이것이 마음이 맑아지는 길이다. 『법구경 279번』

좋은 마음 선별하기

어떤 마음이 생기느냐 하는 것은 과거에 쌓아 온 카르마의 영향을 받아 인과법칙에 의해 결정된다. 그렇기 때문에 다음에 어떤 반응을 하게 될지 자신은 결정할 수 없다.

하지만 우리에게 주어진 약간의 자유가 있다. 그 자유란 멋대로 떠오른 감정이나 충동적인 에너지를 자각의 감각으로 감시하는 것이다. 말하자면 여권을 심사하듯이 확인할 수 있다는 것이다. 여권 확인 담당자인 우리는 어떤 외국인이 찾아올지 선택할 수 없다. 하지만 '저 사람은 수상하다'라며 입국을 거부하듯, 자각력이라는 감각으로 마음을 확인하고 거부할 수 있다. 또는 '그런 감정은 좋기 때문에 들어와도 괜찮아'라고 받아들일 수 있다. 우리에게 이런 정도의 자유는 있다.

그런데 좋은 감정인지 나쁜 감정인지를 확인하지 않고 자신의 감정에 집착하는 것은 모든 사람의 입국을 허용하는 것과 같다. 지혜를 통해 무아를 이해할수록 자신의 감정에 집착하지 않고 선한 감정과 나쁜 감정을 선별할 수 있게 된다. 나쁜 사람을 입국시키면 그는 또 다른 나쁜 사람을 불러들인다. 반대로 착한 사람을 입국시키면 이는 다시 착한 사람을 불러들이는 계기가 된다.

우리의 마음은 마치 운명처럼 과거의 카르마에 의해 자동적으로 생성과 소멸을 반복한다. 하지만 무아를 이해하고 마음을 확인하면 선을 늘리고 악을 줄일 수 있다.

이렇게 해서 카르마를 재편성하고 그에 따라 운명도 철저하게 변화시킬 수 있다.

우리가 지금까지 어떤 카르마를 쌓아 왔는지, 또 그로 인해 어떤 마음의 에너지가 발산되고 있는지 아는 것은 매우 중요하다. 이에 따라 어떤 유형의 사람들에게 호감을 주거나 반감을 살 것인지, 그리고 어떤 사람들을 멀리할 것인지 결정할 수 있기 때문이다.

나 역시 예전에는 위악한 사람이었다. 그런 내가 마음을 재편성하고 나서 실감한 사실이 있다. 즉 카르마를 바꾸자 다른 사람들과의 만남과 유대가 놀랄 만큼 좋은 쪽으로 변한 것이다. 나 자신도 전혀 예상하지 못했던 도움을 받거나, 즐거운 만남이 연쇄적으로 이뤄졌다. 이렇게 사람들에게 매력을 발산하는 쪽으로 변하면 여기에 따라오는 일들도 달라진다.

우리 주변에서 중요한 일들은 대부분 인간관계를 통해 일어난다. 그렇기 때문에 인간관계가 극적으로 호전되면 일어나는 일도 극적으로 호전된다.

내가 쌓은 업보대로 돌려받는다

과연 운명이란 것이 있을까? 불심을 배제한 나만의 소박한 생각을 말하자면, 연쇄적으로 일어나는 일의 흐름은 분명히 존재한다. 다만 우리는 그 자연의 흐름 속에서 욕망이 이끄는 분노나 어리석음 때문에 머릿속 생각에 틀어박혀 망설이고 있을 뿐이다. 이는 자연의 흐름을 방해하는 것이다.

이런 부자연스러운 힘을 더하지 않으며, 무아인 채로 거스르지 않고 흐름을 타게 되면 이상적인 연쇄반응이 일어난다. 그 결과 자신이 원하는 진정한 자유를 얻게 된다.

처음 질문으로 돌아가 보자. 지금 말한 의미에서 본다면 분명 운명적인 무언가는 존재한다. 운명이란 '자신을 변화시킬 수 없는 것, 거스를 수 없는 것'이라는 의미와 '외부의 어떤 초월적인 힘의 작용'이라는 의미를 갖고 있다. 하지만 이는 진리의 관점에서 보면 다소 빗나간 측면이 있다. 때문에 불가에서는 운명이라는 말을 사용하지 않고 '카르마'라는 말을 사용한다.

속세에서 말하는 운명은 과거에 쌓아 두었던 마음이 다른 에너지들과 충돌하면서 만들어진다. 게다가 그 에너지는 다른 사람이 발산하는 마음의 에너지와 충돌하고 결합하고 반발하는 것을 되풀이하면서 운명을 만들어 간다. 이를 자업자득이라고 한다. 자신이 쌓아 온 카르마대로 자신이 돌려받는 것이다. 그렇다면 결코 자신과 관계없는 초월적인 힘이 운명에 작용할 리가 없다.

과거에 쌓아 온 카르마는 돌이킬 수 없다. 하지만 선한 카르마를 쌓고 재편성하려면 자각력을 높이는 훈련과 여건을 확인하는 방법 등을 활용할 수 있어야 한다. 그렇게 함으로써 나쁜 카르마를 쌓는 것을 방지할 수 있다.

자업자득이라고 하면 왠지 어둡고 불쾌한 이미지가 떠오르기 쉽다. 하지만 이는 단순한 오해에 불과하다. 불쾌한 일이 일어났다 해도 내 과거의 업보에 따른 응보라고 받아들여라. 그리고 앞으로는 이런 일이 없도록 선한 카르마를 쌓겠다는 긍정적인 마음을 가져라. 좋은 일이나 즐거운 일이 일어나면, 이 또한 선한 카르마를 쌓아 온 결과다. 이런 생각은 더럽혀진 욕망 때문에 악업을 쌓는 행동을 멈추고 절도를 지키는 것으로 이어진다. 이것이 '자신이 쌓은 업보는 자신이 받는다'는 자업자득이다.

그러나 '자업자득'이라는 말은 듣기가 거북하다. 사용법이 잘못되었기 때문이다. 앞서 도덕은 자신을 향상시키기 위함이 아니라 다른 사람에게 떠넘기기 위해 사용된다고 말했다. 자업자득 또한 '당신이 해고당한 것은 자업자득이다'라는 식으로 비난하는 데 사용된다. 자업자득은 자기 자신을 이해할 때만 효과가 있는 말로, 다른 사람에게 건넬 때는 거의 대부분 욕망과 분노와 함께 상대방을 무시하는 데 사용된다.

질투를 무장해제하라

이상으로 '무아'에서 '운명'까지 살펴보았다. 나쁜 사람은 욕망과 분노와 어리석음이라는 혼탁한 에너지를 대량으로 만들어낸다. 이때 '어리석음'이란 심신에 대한 감각이 무딘 자신의 상태를 알지 못하는 것을 말한다. 또한 나쁜 사람은 장기적으로 불행한 인간관계나 사건을 불러들인다.

나쁜 짓을 하면서 소위 '성공'이란 것을 거머쥔 사람들을 부러워하거나 질투할 필요가 없다. 불선한 마음을 먹는 순간 심신에 큰 타격을 주기 때문이다. 장기적인 관점에서 보면 반드시 카르마에 의한 응보를 받아 불행한 결과를 불러들인다.

질투하고 시기하는 마음을 갖기보다는 상쾌한 기분을 만들려고 하는 것이 좋다. 나쁜 사람이라며 시기하거나 질투하면 분노의 감정을 만들게 되어, 도리어 자신이 불쾌함을 느끼고 괴로워진다. 이는 나쁜 카르마가 되어 훗날 자신이 응보로 돌려받게 된다.

착한 사람은 복을 받고, 나쁜 사람은 벌을 받는다

왜 나쁜 마음을 가진 사람이 성공하는 것일까? 이 또한 그 사람이 전생에서 쌓아 둔 강력한 선한 카르마의 영향을 받기 때문이다.

얼핏 보면 악업(나쁜 카르마)만을 쌓는 것처럼 보이는 사람도 있다. 쉽게 대기업의 경영자들을 예로 들 수 있다. 하지만 그들은 많은 사원을 부양하며 선한 카르마를 쌓고 있다. 이를 기억해야 한다.

선한 업과 악업의 이해타산을 따져 보면 대개 악업 쪽이 이득이 많다. 때문에 더럽혀진 마음의 에너지로 인해 과거에 쌓아 둔 좋은 카르마의 에너지가 낭비되고 소모되는 것이다.

> 악의 응보가 무르익기 전까지는 나쁜 사람도 행복할 수 있다. 하지만 악의 응보가 무르익으면 나쁜 사람은 반드시 불행해진다.『법구경 119번』

왜 많은 사람이 이처럼 선한 업을 소모시키는 방향으로 행동하는 것일까? 여기서 하나의 가설을 들어 볼 수 있다.

무언가를 갖고 싶을 때 욕망의 에너지만으로는 그것을

실현하는 게 불가능하다. 욕망의 에너지는 '갖고 싶어. 갖고 싶어 미치겠어. 하지만 지금 가질 수가 없어서 괴로워'라는 부정적인 것이다. 갖고 싶은 것을 실제로 손에 넣으려면 행동으로 옮기는 정진이라는 긍정의 에너지가 필요하다. 이는 곧 선한 카르마를 뜻한다. 이 긍정의 에너지를 끌어내는 것은 과거에 선한 카르마를 쌓아 두지 않으면 불가능하다.

거래를 성사시키고 싶을 때, 실제로 성공으로 이끄는 것은 욕망이 아니다. 목표를 달성하기 위해 기울였던 노력과 과거에 쌓았던 선한 카르마에 의한 에너지 덕분이다. 하지만 선한 카르마로 의욕이나 노력을 이끌어낼 수 있다는 것은 눈으로 확인하기 어렵다. 그래서 대부분의 사람들이 이를 제대로 이해하지 못한다.

반대로 거래를 성사시키고 싶다는 욕망은 쉽게 느낄 수 있다. 이 때문에 쉽게 이해하고, 욕망이 성공을 가져왔다고 착각하는 것이다.

욕망 따위가 없어도 성공할 수 있다. 즉 거래 성사를

의무와 같은 목표로 설정하는 것이다. 그런 다음 최대한 그 일에 집중한다. 이렇게 노력이라는 선한 업을 활용해서 목표를 달성할 수 있다. 욕망이라는 조잡한 잡념으로 인해 마음이 동요되지 않기 때문에 일에 집중하고 몰두할 수 있다. 그 결과 성공에 도달할 가능성이 높아진다. 그러나 '욕망 때문에 성공할 수 있었다'며 카르마의 법칙을 무시하고 착각하면, 더럽혀진 에너지가 점점 더 증폭된다.

더럽혀진 카르마를 계속해서 쌓으면, 머지않아 과거에 쌓아 두었던 선한 카르마에 의한 에너지조차 상쇄되거나 탕진된다. 그 결과 불행한 사람이 되는 것이다. 이를 피하려면 나쁜 카르마를 쌓지 않도록 자각력을 길러야 한다.

아름다운 비움, 공(空)

나쁜 카르마를 쌓지 않고 선한 업의 에너지를 만들려면 욕망과 분노의 잡념을 없애야 한다. 그런 다음 의식을 집중하고 지금 눈앞에 있는 해야 할 일에 정확히 마음을 집중해야 한다.

이처럼 의식이 온전히 일에 집중될 때 '나'라는 감각은 사라지고 마음이 충실해진다. 또한 '좋은 평가를 받고 싶다' '실패하면 어쩌지'라는 잡념이 사라지고, '내'가 없는 상태의 신선함만 남는다. 그러면 '일하는 나'는 없어지고 단지 '일을 하고 있다'는 것만 남는다. 이는 완벽한 상태의 상쾌함이다. 이것이 공(空)의 맛이고, 선의 맛이자, 행복의 근원이다.

| 맺음말 |

 지금까지 '선'과 '악'을 복용할 때의 올바른 사용법에 대해 알아보았다. 이제 '악'을 복용할 때도 용량이나 용법을 알고 능숙하게 사용할 수 있을 것이다.

 욕망과 분노의 악을 지나치게 다량으로 복용하면 급성 중독을 일으킬 수 있다. 따라서 중화를 위해 '위선'을 적정량 복용해야 한다. 만일을 대비해 '위선'이라는 약을 언제라도 사용할 수 있도록 마음속의 주머니에 담아 두어야 한다.

 물론 최고의 특효약은 '선'이지만 이는 매우 귀하고 고가의 물품이다. 따라서 유감스럽게도 좀처럼 진품을 구하기가 어렵다. 욕망과 분노와 방황이 없는 '선'의 평온한 에너지는 일과 연애, 놀이에까지 도움이 되는 특효약이다.

그러므로 이를 구하기 위해 정진해야 한다.

본문에서 언급한 대로 '선악'이란 자신의 감정을 통제할 수 있어야만 제대로 다룰 수 있다. 하지만 유감스럽게도 구체적인 테크닉에 대해서는 충분히 말할 기회가 없었다. 이는 다른 저서를 통해 자세히 다룰 생각이다.

이 책은 내가 구술한 내용을 다른 사람이 타이핑하는 공동 작업을 통해 완성되었다. 담당 편집자인 사토 유키 씨는 일부러 쓰키요미 사까지 와서 4일 동안 타이핑을 했다. 사토 유키 씨와 함께 타이핑 작업을 부분적으로 도와준 우린 도코 씨와 모모타 지호 씨에게도 이 자리를 빌려 감사를 전하고 싶다.

바라건대 많은 독자에게 '행복한 삶을 위해 욕망과 분노를 가라앉히고 나쁜 마음을 버리자'라고 결심할 용기를 주는 책이 되었으면 한다.

KI신서 4286

나쁜 마음 버리기 연습

1판 1쇄 인쇄 2012년 11월 23일
1판 2쇄 발행 2013년 1월 3일

지은이 코이케 류노스케 **옮긴이** 양영철
펴낸이 김영곤 **펴낸곳** (주)북이십일 21세기북스
부사장 임병주
MC기획4실장 주명석
해외기획 정영주 조민정
편집팀장 김상수 **책임편집** 윤홍 **디자인** 표지 윤정아 본문 네오북
마케팅영업본부장 최창규
출판마케팅2팀 민안기 김다영 김해나 이은혜 **영업** 이경희 정병철 정경원
출판등록 2000년 5월 6일 제10-1965호
주소 (우 413-120) 경기도 파주시 회동길 201(문발동)
대표전화 031-955-2100 **팩스** 031-955-2151
이메일 book21@book21.co.kr **홈페이지** www.book21.com
21세기북스 트위터 @21cbook **블로그** b.book21.com

ISBN 978-89-509-4043-0 13320
책값은 뒤표지에 있습니다.

이 책 내용의 일부 또는 전부를 재사용하려면 반드시 (주)북이십일의 동의를 얻어야 합니다.
잘못 만들어진 책은 구입하신 서점에서 교환해 드립니다.